Rebekka Wegerer

Sachbuchreihen für Kinder von 2 bis 6 Jahren

Wiborada – Leipziger Schriften zur Bibliotheks- und Informationswissenschaft

Herausgegeben vom Studiengang
Bibliotheks- und Informationswissenschaft
der HTWK Leipzig

Band 5

Rebekka Wegerer

Sachbuchreihen für Kinder von 2 bis 6 Jahren

Marktsichtung, Bewertung und Einsatz in der bibliothekarischen Veranstaltungsarbeit

herausgegeben von
Kerstin Keller-Loibl

BibSpider • Berlin

ISBN 978-3-936960-96-9

Bibliografische Information der Deutschen Bibliothek
Die Deutsche Nationalbibliothek verzeichnet diese Publikation
in der Deutschen Nationalbibliografie

Diese Veröffentlichung stellt die überarbeitete Fassung einer Bachelorarbeit dar,
die im Jahr 2014 im Studiengang Bibliotheks- und Informationswissenschaft
an der Hochschule für Technik, Wirtschaft und Kultur Leipzig, Fakultät Medien,
eingereicht wurde.

BibSpider
Networking for Information Sciences
Niederwallstr. 13
10117 Berlin
Deutschland

www.bibspider.de

Layout und Buchsatz: Julia Swiersy, Berlin

Inhaltsverzeichnis

Tabellenverzeichnis

Vorwort

Die Neugier von Kindern ist unersättlich. Täglich erkunden sie ihre Umwelt und entdecken dabei Neues. Alles Unbekannte wird hinterfragt. So entwickeln Kinder verschiedenste Interessen, die mit zunehmendem Alter immer komplexer werden. Sachbücher können helfen, die vielen Fragen der Kinder zu beantworten und ermöglichen ihnen, ihren persönlichen Interessen nachzugehen.

Die Verlage reagieren auf diese vielfältigen Interessen mit einem kaum noch überschaubaren Angebot an Kindersachbuchreihen, die durch attraktive Gestaltungen die Lust am Entdecken wecken. Durch Hör- und Fühlelemente, Pop-Ups, Klappen und Folien wird das Lernen mit allen Sinnen angeregt. Spielanregungen, Extra-Effekte und digitale Ergänzungen in Form von Apps oder Audiodateien sorgen für Abwechslung, Spannung und Spiel.

Welche Kindersachbuchreihen sollten Öffentliche Bibliotheken erwerben? Welche Kriterien sind bei der Auswahl von Reihen für Kinder vom Kleinkind- bis zum Vorschulalter wichtig? Ein kritischer Blick auf die Gestaltung, die Inhalte und deren Angemessenheit im Blick auf die Zielgruppe ist gefragt, denn nicht jedes Extra trägt zwangsläufig dazu bei, den Zugang zum Thema zu erleichtern. Die vorliegende Publikation gibt einen Überblick über das vielfältige Sachbuchangebot für Kinder von 2 bis 6 Jahren und erläutert, welche Reihen für Bibliotheken besonders geeignet sind. Veranstaltungsvorschläge zeigen, wie kreativ diese Sachbücher in der frühkindlichen Bildung eingesetzt werden können, um Kinder in ihrer natürlichen Entdeckerlust zu unterstützen.

Prof. Dr. Kerstin Keller-Loibl
Herausgeberin
Hochschule für Technik, Wirtschaft und Kultur Leipzig

Einleitung

Die Medienlandschaft des 21. Jahrhunderts ist gekennzeichnet durch immer neue technische Errungenschaften und die fortschreitende Digitalisierung in allen Bereichen. Das bedeutet auch in Öffentlichen Bibliotheken ein wachsendes Angebot neuer Medien, welche oftmals als Konkurrenz zum „guten, alten Buch" gesehen werden. Doch auch der deutsche Buchmarkt erlebt einen Aufschwung und bis 2018 werden laufend steigende Umsatzzahlen prognostiziert.[1] Mit knapp 16 Prozent machten Kinder- und Jugendbücher 2014 einen Großteil des Umsatzes im deutschen Buchmarkt aus und belegten im Ranking den zweiten Platz nach der Belletristik.[2] Im selben Jahr wurden 8.142 Neuerscheinungen im Kinder- und Jugendbuchbereich veröffentlicht. Das sind ganze 3.218 mehr als noch elf Jahre zuvor.[3] Eine nicht zu verachtende Sparte sind dabei die Sach(bilder)bücher, welche 2015 immerhin für 9,5 Prozent des Umsatzes im Kinder- und Jugendbuchmarkt verantwortlich waren.[4] „Hauptmerkmal der Sach(bilder)buch-Produktion ist die Reihe. [...] Immer wieder kommen neue hinzu, und alte werden eingestellt"[5]

In dieser Arbeit werden Kindersachbuchreihen untersucht. Der Fokus der Untersuchung ist auf die Altersgruppe von Kindern zwischen zwei bis sechs Jahren gerichtet. In diesem Altersabschnitt erfolgt eine schrittweise Entwicklung vom Kleinkind, das gerade den ersten Wortschatz erlernt, bis hin zum Vorschulkind, das zusammenhängende Texte zwar noch nicht selbst lesen, sie aber mithilfe von Erwachsenen gut verstehen und verarbeiten kann. Sachbücher können Heranwachsende durch diese wichtige Entwicklungsphase begleiten. „Oft gehört Vorlesen zu den allerersten Lese-Erfahrungen von Kindern und bleibt ihnen ein Leben lang in schöner Erinnerung."[6]

---

1 Vgl. Umsätze im Buchmarkt in Deutschland in den Jahren 2003 bis 2018 (in Millionen Euro)

2 Vgl. Umsatzanteile der einzelnen Warengruppen im Buchhandel in Deutschland in den Jahren 2013 und 2014

3 Vgl. Anzahl der Neuerscheinungen von Kinder- und Jugendbüchern in Deutschland in den Jahren 2003 bis 2014

4 Vgl. Umsatzanteile der einzelnen Sparten im Markt für Kinder- und Jugendbücher in Deutschland von September 2014 bis August 2015

5 Gärtner, Hans: Spaß an Büchern!: wie Kinder Leselust bekommen, S. 161

6 Ebd., S. 75

Kindersachbuchreihen treten in vielerlei Formen auf und versuchen, sich durch immer neue Methoden auf die individuellen Lernbedürfnisse von Kindern im genannten Alter einzustellen. Eine Konkurrenzsituation mit den neuen Medien entsteht dabei kaum.[7] Vielmehr können die neuen Medien bei sorgfältiger Auswahl ein sinnvoller Zusatz zum Sachbuchangebot sein. Immer häufiger bieten Verlage zu einer Sachbuchreihe passende Hörbücher, Webseiten, Hörstifte und Ähnliches an. Das führt zu einem facettenreichen Angebot an Sachbuchreihen aus verschiedensten Verlagen, wobei qualitative Unterschiede in Gestaltung, Methodik der Wissensvermittlung und Eignung für die Bibliothekspraxis vorliegen.

Da Kinder eine Hauptzielgruppe von Öffentlichen Bibliotheken sind, dürfen auch Sachbuchreihen für 2- bis 6-Jährige nicht im Bestand fehlen und Bibliothekare[8] müssen Qualitätskriterien kennen und anwenden, um sinnvolle Erwerbungsentscheidungen treffen zu können. „Zu den bibliothekarischen Aufgaben in der Kinderbibliothek gehört neben der Bereitstellung der Medien die aktive Literatur- und Medienvermittlung an Kinder selbst, aber auch an erwachsene Medien-Vermittler wie Eltern, Lehrer und Erzieher."[9] Häufig besuchen Kindergartengruppen die örtlichen Bibliotheken, um sie zu erkunden und ihre Angebote kennenzulernen. Eine Vermittlung von Sachbuchreihen für 2- bis 6-Jährige bietet sich in einem solchen Veranstaltungsrahmen besonders an, da die Bücher altersgemäß genau auf Kindergartenkinder abgestimmt sind.

Um sowohl den Ansprüchen eines gelungenen Angebotes von Kindersachbüchern gerecht werden zu können, als auch die Anforderungen der bibliothekarischen Veranstaltungsarbeit im Kleinkind- und Vorschulbereich zu erfüllen, bietet die vorliegende Untersuchung zunächst einen Überblick über aktuelle Sachbuchreihen für 2- bis 6-Jährige. Durch ein speziell dafür entwickeltes Bewertungsverfahren wurden die besten Sachbuchreihen herausgefiltert und in einer Empfehlungsliste zusammengefasst. Für die bibliothekarische Vermittlungsarbeit dieser Reihen folgt eine Ideensammlung

7 Vgl. Ossowski, Ekkehard: Sachbücher für Kinder und Jugendliche, S. 373–377

8 In der vorliegenden Arbeit wird aus Gründen der besseren Lesbarkeit das generische Maskulinum verwendet. Sämtliche Personenbezeichnungen beziehen sich auf beide Geschlechter, männlich und weiblich.

9 Bibliotheken '93 [Elektronische Ressource]: Strukturen, Aufgaben, Positionen, S. 33

zur Konzeptentwicklung, die als Grundbaustein für Veranstaltungen mit Kindergartenkindern in Öffentlichen Bibliotheken dienen kann.

Für die Ermittlung der für 2- bis 6-Jährige relevanten Sachbuchreihen wurde zunächst der Buchmarkt gesichtet. Im nächsten Arbeitsschritt wurden die Reihen bewertet und die besten Reihen für die bibliothekarische Veranstaltungsarbeit festgestellt. Der punktebasierte Bewertungsbogen mit formalen und inhaltlichen Kriterien, die für eine gute Kindersachbuchreihe und die Eignung für die bibliothekarische Veranstaltungsarbeit sprechen, bildete dafür einen Vergleichswert.

In der aktuellen Fachliteratur wird das Thema Kindersachbuch meist nur oberflächlich angeschnitten. Durch Forschung, aktuelle Geschehnisse und immer neue Trendthemen wird das Sachbuchangebot stetig erweitert und ist nur schwer zu überblicken. Umso wichtiger ist für die bibliothekarische Praxis eine fundierte Betrachtung und Bewertung von Sachbuchreihen für Klein- und Vorschulkinder. Diese erfolgt in der vorliegenden Untersuchung durch die Auseinandersetzung mit generellen Merkmalen von Sachbüchern und vor allem durch ihren Bezug zur genannten Zielgruppe.

1. Sachbücher für Kinder von 2 bis 6 Jahren

1.1 Merkmale von Kindersachbüchern

Für die Beschreibung von Sachbüchern existieren zahlreiche unterschiedliche Definitionen. Einig ist man sich grundsätzlich nur darin, dass die Gattung Sachbuch zum Bereich der Non-Fiction-Literatur zählt. Verallgemeinernd lässt sich festhalten, dass Sachbücher Publikationen sind, die wissenschaftliche Fakten populärwissenschaftlich darbieten. In der erweiterten Definition zählen auch Nachschlagewerke zu dieser Gattung.

Sachbücher für Kinder zeichnen sich dadurch aus, dass in ihnen keine wissenschaftliche Fachsprache, sondern eine **allgemein verständliche und kindgerechte Sprache** verwendet wird. Sie richten sich an bereits interessierte Kinder, oder dienen dem Zweck, auf Neues aufmerksam zu machen und Interessen anzuregen. Auch im Kinder- und Jugendbereich zählen Sachbücher zur Non-Fiction-Literatur und können laut weit gefasster Definition auch Lexika, Wörterbücher oder Ratgeber sein.[10]

Bei den Sachbüchern für die Zielgruppe der 2- bis 6-Jährigen handelt es sich meist um Bilderbücher, in denen **Illustrationen** einen Großteil des Gesamtinhaltes ausmachen und wesentlich zur Wissensvermittlung beitragen. „Sach(bilder)bücher für Kinder unterscheiden sich von Sachbüchern für erwachsene Leser durch das Kriterium der ‚Kindgemäßheit'; es schließt sowohl lernpsychologische als auch pädagogische Aspekte ein."[11]

Mannigfaltige Aspekte müssen für die Aufmachung von Kindersachbuchreihen der genannten Altergruppe und für die spezielle Entwicklungsphase berücksichtigt werden. Weil Kinder anders disponiert sind als Erwachsene, müssen die **Gestaltung und die Aufmachung der Bücher** den Alterszielgruppen entsprechen und verschiedene Aspekte bedacht werden:

---

10 Vgl. Ossowski, Herbert: Sachbücher für Kinder und Jugendliche, S. 657ff

11 Gärtner, Hans: Spaß an Büchern!: wie Kinder Leselust bekommen, S. 165

- Das kindlich individuell eingeschränkte Bild- und Textverständnis.
- Die Mannigfaltigkeit kindlicher Interessen.
- Die Effektivität des Lernprozesses durch Spaß und selbstständiges Handeln.

Eine Kindersachbuchreihe muss diese Aspekte berücksichtigen, sowohl in der Themenauswahl, als auch in der Gestaltung der Bücher, wie zum Beispiel durch das Verwenden zahlreicher Farben.[12] Bei den Illustrationen eines Sachbuchs wird auf verschiedenste Formen zurückgegriffen, wie zum Beispiel Fotomontagen, Collagen, Modellzeichnungen oder Karten. Sie dienen als Informations- oder Illustrationsmittel und sind Interpretations- und Erklärungshilfen, welche die Textaussage verstärken sollen.[13]

> *„Ein Kindersachbuch ist eine Publikation, die Fakten und Erkenntnisse aus verschiedenen Wissensgebieten in kindgerechten Formen (Illustration, Text- und Buchgestaltung) dem jungen Leser darbietet, um ihn damit in die Wissenschaft einzuführen und zur (Selbst-) Bildung zu motivieren. Sachbücher für Kinder setzen kindliches Interesse nicht unbedingt voraus, sondern regen es an."*[14]

Diese Definition trifft auf die meisten Kindersachbücher zu und kann auch für die hier untersuchten Reihen als Grundlage angesehen werden.

Ein weiteres wichtiges Merkmal der Kindersachbuchreihen ist die **Altersklassifizierung**. Diese erfolgt zumeist durch die publizierenden Verlage, welche eindeutig benennen, für welches Alter die jeweiligen Bücher geeignet sind. Auch die Gestaltung gibt Aufschluss darüber, für welches Alter ein Buch gedacht ist. Elemente wie Layout, Sprache, Detailbetonung und vor allem der Bildgehalt sind altersgerecht angepasst. Trotzdem ist die Alterszuordnung durch die Verlage nur eine grobe Einschätzung und hängt immer von den individuellen Fähigkeiten und der Entwicklungsphase des jeweiligen Kindes ab.

---

12 Vgl. Gärtner, Hans: Spaß an Büchern!: wie Kinder Leselust bekommen, S. 150f

13 Vgl. Ossowski, Herbert: Sachbücher für Kinder und Jugendliche, S. 675ff

14 Gärtner, Hans: Spaß an Büchern!: wie Kinder Leselust bekommen, S. 151

Weiterhin können verschiedene Typen von Kindersachbüchern unterschieden werden. Es gibt die Unterteilung in

- informative Sachbücher
- erzählende Sachbücher
- Sachbilderbücher

Informative Sachbücher zeichnen sich durch eine sachadäquate Sprache und sachliche Illustrationen, wie Grafiken, Tabellen und Ähnlichem aus. Erzählende Sachbücher verwenden narrative Elemente und können in Form von Erzählungen, Romanen, oder Biografien vorkommen. Sachbilderbücher verwenden keinen, oder nur sehr wenig Text.[15]

> *„Sachbilderbücher haben einen festen Platz im Bilderbuchangebot unserer Zeit. Bilderbücher aus allen Wissensbereichen wie Natur, Wissenschaft und Technik, Arbeitswelt, allen Bereichen der Umwelt, in der die Kinder leben, fremde Länder, Kulturen und Lebensweisen [...] werden angeboten.“*[16]

1.2 Die Bedeutung von Sachbüchern für die sprachliche und intellektuelle Entwicklung 2- bis 6-jähriger Kinder

Kinder sind von Natur aus neugierig und entdecken ihre Umgebung mit allen Sinnen. Mit zunehmendem Alter erreicht dieser Wissensdurst jedoch eine Ebene, die nicht mehr mit bloßen Sinneswahrnehmungen erforschbar ist und der Wissenserwerb auf intellektueller Ebene gewinnt stetig an Bedeutung.[17] Sachbücher unterstützen diesen Anspruch und geben Kindern die Möglichkeit ihren Interessen nachzugehen. Dabei wird „das analytische Denken der Kinder [...] spielerisch entwickelt, und die Freude, Dingen auf den Grund zu gehen, wird unterstützt.“[18]

Durch Sachbücher können Kinder selbst entscheiden, wann sie welche Informationen aufnehmen. Dies fördert nicht nur die Allgemeinbildung, sondern

---

[15] Vgl. ebd., S. 672ff

[16] Schmitz, Ursula: Das Bilderbuch in der Erziehung, S. 122

[17] Vgl. Schmitz, Ursula: Das Bilderbuch in der Erziehung, S. 124

[18] Ebd., S. 125

es werden auch erstmals Erfahrungen mit wissenschaftlichem Arbeiten gemacht.[19] „In der Auseinandersetzung mit einem bestimmten Thema entdecken die Kinder häufig neue Wissensbereiche, die Interesse wecken. Es wird ein Prozess in Gang gesetzt, der zu immer umfangreicherem Wissen führt."[20] Im besten Fall wird das Erlernte auf das eigene Leben und die Umgebung der Kinder übertragen. So wird ein Anstoß zum selbstständigen Handeln gegeben und Sachbücher haben neben der reinen Faktenvermittlung auch einen pädagogischen Effekt auf die Kinder.[21]

Trotz all dieser Aspekte zur Wissensvermittlung darf nicht vergessen werden: „Das Sachbuch ist von seiner Zielsetzung her eine Lektüre für die Freizeit."[22] Die Beschäftigung mit (Bilder)büchern bedeutet für die Altersgruppe der 2- bis 6-jährigen Kinder Vergnügen, nicht Pflicht. Verschiedene Motivationen, die Kinder zum Buch greifen lassen, können benannt werden:

- An erster Stelle steht der **Erwerb von Sachwissen**, da Kinder präferiert zu solchen Büchern greifen, welche ihre eigenen Interessen thematisieren. Informationen zu einzelnen Sachgebieten werden konsumiert und gesammelt.
- Eine weitere Motivation ist die **Suche nach einem Vergleich** mit anderen. Vor allem Kinder möchten wissen, wie es Gleichaltrigen, die in einer ähnlichen Situation wie sie selbst stecken, ergeht. Buchinhalte über den Alltag von Kindern, oder mit einem Kind als Hauptcharakter, bedienen dieses Interesse besonders.
- Eine wichtige Rolle spielt die **soziale Kommunikation** bei der Entscheidung für ein Buch. Kinder wollen bei beliebten und viel besprochenen Büchern mitreden können.
- Nicht zu unterschätzen ist **das Lesen und Betrachten zur puren Entspannung.**

Alle hier genannten Lesemotivationen treten auch in Kombination auf. Ein gutes Kinderbuch sollte alle genannten Faktoren, die Kinder zu Büchern greifen lassen, gleichermaßen einbeziehen.[23] Dadurch werden viele wichtige

19 Vgl. Ossowski, Herbert: Sachbücher für Kinder und Jugendliche, S. 674

20 Schmitz, Ursula: Das Bilderbuch in der Erziehung, S. 125

21 Vgl. Schmitz, Ursula: Das Bilderbuch in der Erziehung, S. 125f

22 Ossowski, Herbert: Sachbücher für Kinder und Jugendliche, S. 674

23 Vgl. Neumann, Christine: Bücherspaß in der Kita, S. 12ff

Kompetenzen gefördert. Das Kind „lernt, sich in Beziehung zu [seiner] Umwelt zu setzen und seinen Platz in ihr zu finden."[24] Zusätzlich vermitteln besonders Bilderbücher für die Jüngsten ein Gefühl für Zusammenhänge von Geschehnissen und fördern dabei die **intellektuelle Entwicklung.**

Kindersachbücher sind auch eine Hilfe für Erwachsene. Kleinkinder stellen viele Fragen zu den Themen, die sie interessieren. Die Reaktion der Erwachsenen spielt beim Erhalt dieser natürlichen Neugier, die manchmal auch als anstregend und lästig empfunden wird, eine große Rolle. Dem Drang nach Wissenserwerb sollte unbedingt nachgegangen werden.[25] Sachbücher dienen als Erklärungshilfe, wenn die Fragen der Kinder komplexe Antworten erfordern. Der Vorteil dabei ist, dass Bücher so oft angesehen und gelesen werden können, bis alles erfasst ist. Komplizierte Sachverhalte werden durch das wiederholte Betrachten für Kinder immer einleuchtender.[26] Dies beinhaltet einen ganz speziellen Anspruch an Sachbücher für Kinder. Sie müssen Methodik, Didaktik und eine geeignete Gestaltung in sich tragen und für sich allein stehend, ohne weitere Erklärungshilfe, Wissen vermitteln können. Die Stoffaufbereitung sollte so spannend wie möglich erfolgen und durch Illustrationen und spielerische Details untermauert werden. Besonders in der hier betrachteten Altersgruppe ist ein gemeinsames Betrachten der Bücher mit anschließender Besprechung sehr wichtig.[27]

Bücher leisten einen immens wichtigen Beitrag zur **sprachlichen Entwicklung** für die betrachtete Zielgruppe. Beim Wiedererkennen von Bildern werden Dinge benannt und beim Lauschen von Vorlesegeschichten neue Begriffe erlernt. Handlungen in Büchern geben einen Anstoß zum Reflektieren über die eigene Verhaltensweise. Es erfolgt ein Einblick in verschiedene Wertvorstellungen, was die **Herausbildung von Sozialkompetenz**, verbunden mit Kritik- und Urteilsfähigkeit, Verständnis und Toleranz beeinflusst.[28]

Eine weitere, wichtige Errungenschaft für den kindlichen Entwicklungs- und Bildungsprozess ist die **Lesekompetenz,** auf welcher viele weitere Fähigkeiten aufbauen. Diese beginnt bestenfalls schon im Kleinkindalter und zeigt

---

[24] Schmitz, Ursula: Das Bilderbuch in der Erziehung, S. 11

[25] Vgl. Fürst, Iris: Kinder- und Jugendliteratur, S. 157

[26] Vgl. Schmitz, Ursula: Das Bilderbuch in der Erziehung, S. 125

[27] Vgl. Ossowski, Herbert: Sachbücher für Kinder und Jugendliche, S. 677–680

[28] Vgl. ebd., S. 11ff

sich beispielsweise durch den Erwerb eines differenzierten Wortschatzes und der Fähigkeit, gehörte Geschichten nachzuerzählen, sowie eigene Geschichten mit anderen zu teilen. Das geschieht unter anderem durch Vorlesen und das eigenständige Betrachten von Büchern mit geeigneten Illustrationen. Der Wunsch, selbst zu lesen, fördert die Persönlichkeitsentwicklung des Kindes, da gleichzeitig **Mediennutzungs- und Sozialkompetenz** angeeignet werden. Kinder greifen des Öfteren eigenständig zum Buch und suchen sich das aus, was sie gerne lesen. Die Buchinhalte vermitteln neue Sichtweisen und der Horizont von Kleinkindern erweitert sich. Durch die aus Büchern gewonnenen Informationen werden Schlüsse auf das eigene Handeln gezogen. Weiterhin wird die **Sprachkompetenz** gefördert. Dies führt zu einer präziseren Ausdrucksfähigkeit und kann so zu mehr Selbstbewusstsein verhelfen.[29]

Exkurs zum kindlichen Leselernprozess

Um Kinder im Leselernprozess nicht zu überfordern, sollten Inhalte stets kindgemäß vermittelt werden. Das bedeutet auch, die Kindheit als eine eigenständige Lebensphase zu akzeptieren. Sie kann nicht nur als Vorbereitung auf das Erwachsensein gesehen werden.[30] Trotzdem heißt „kindgemäß handeln, [...] das Kind sowohl in seiner Gegenwart als auch in seiner Zukunft zu sehen."[31]

Schon ab dem ersten Lebensjahr beginnt die Leseentwicklung. Bücher werden wie ein Spielzeug verwendet, Seiten werden erfühlt und das Umblättern bereitet vielen Kindern in diesem Alter bereits Freude. Besonders geeignet sind Pappbilderbücher mit dicken Seiten, auf denen, übersichtlich angeordnet, einzelne Gegenstände zu sehen sind.

Kinder im Alter von 1 bis 2 Jahren erkennen schon einfache, bildlich dargestellte Szenen und können simplen Geschichten folgen und beim Vorlesen zuhören. Ein erster, aktiver Wortschatz entsteht und es können bereits rund 50 Wörter gesprochen werden. Der passive Wortschatz ist sogar noch größer. Bei Büchern steht das Betrachten von Bildern im Vordergrund. Dort

---

29 Vgl. Neumann, Christine: Bücherspaß in der Kita, S. 9–19

30 Vgl. Ellermann, Walter: Bildungsarbeit im Kindergarten erfolgreich planen, S. 22f

31 Ebd., S. 23

abgebildete Gegenstände können benannt und noch unbekannte Begriffe erfragt werden.

Mit 2 bis 3 Jahren lernen Kinder richtig zu sprechen und wollen sich auch aktiv an Gesprächen beteiligen. Für diese Altersgruppe geeignete Bücher zeichnen sich durch viele Bilder und wenig Text aus. Dieser Aufbau unterstützt das Sprechenlernen. Gehörtes kann nachgesprochen und in eigenen Worten wiedergegeben werden. Individuelle Interessen bilden sich heraus, weswegen Kindern die Mitbestimmung bei der Buchauswahl erlaubt sein sollte.

3- bis 4-Jährige können bereits längeren Handlungssträngen folgen und entwickeln Interesse für komplexe Themen, wie zum Beispiel Liebe, Freundschaft oder Tod. Gehörte Geschichten werden auf das eigene Leben übertragen und nacherzählt.

Die Fähigkeit, unwichtige Informationen von wichtigen zu trennen, entwickelt sich im Alter von 4 bis 5 Jahren. Der aktive Wortschatz dieser Altersgruppe beträgt ca. 8.000 Wörter. Dadurch sind komplizierte Geschichten und detaillierte Bilder nachvollziehbar.

Bei Kindern im Vorschulalter von 5 bis 6 Jahren, wächst der Wunsch, selbst lesen und schreiben zu lernen. Auch Zahlen interessieren Kinder zunehmend. Es können komplexere Geschichten vorgelesen werden. Reine Bilderbücher sind für diese Zielgruppe oft schon langweilig.

Mit 6 bis 7 Jahren kommen Kinder in die Schule und beginnen spätestens dort, Lesen und Schreiben zu lernen. Allerdings sollte auch dann weiter vorgelesen werden, denn einfache Übungstexte für die erste Klasse erreichen meist nicht das Niveau, welches viele Kinder in diesem Alter bereits verstehen können.[32]

---

[32] Vgl. Neumann, Christine: Bücherspaß in der Kita, S. 20–24

2. Sichtung und Bewertung aktueller Sachbuchreihen für 2- bis 6-Jährige

2.1 Vorgehen und Ergebnisse der Marktsichtung

Das Angebot der Sachbücher für Kinder in Deutschland ist komplex und daher schwer zu überblicken. Für diese Arbeit wurden bei der Marktsichtung keine einzelnen Buchtitel, sondern nur gesamte Sachbuchreihen für 2- bis 6-Jährige ausgewählt. Dazu wurde zunächst auf den Internetseiten der relevanten Verlage nach Sachbuchreihen gesucht und eine Liste aller gefundenen Reihen erstellt.

Für die Auswahl der Reihen wurden im Voraus Kriterien festgelegt:

- Aufgenommen wurden Reihen, die laut der Altersempfehlung des Verlages für Kinder von 2 bis 6 Jahren geeignet sind.
- Teilweise wurden auch Buchreihen, die für Kinder ab 1 Jahr gekennzeichnet waren, berücksichtigt, weil diese durchaus auch noch für 2-jährige Kinder passend sein können.
- Sachbuchreihen mit einer Empfehlung für höhere Altersgruppen wurden außen vor gelassen, da ein sinnvoller Umgang mit ihnen schon erstes Selbstlesen erfordert, was bei Kindergartenkindern noch nicht vorausgesetzt werden kann.
- Es wurde generell nur nach Büchern von deutschen Verlagen und in deutscher Sprache recherchiert.
- Es wurden nur zum Zeitpunkt der Recherche lieferbare Sachbuchreihen mit mindestens drei bereits erschienenen Titeln betrachtet. Dabei waren die Angaben zur Lieferbarkeit auf den Verlagsseiten ausschlaggebend.
- Der aktuellste Titel durfte frühestens 2008 erschienen sein.

Der Aspekt der Reihenzugehörigkeit einzelner Buchtitel war nicht immer auf den ersten Blick zu erkennen. Manche Sachbuchreihen sind in den Onlineshops der Verlage nicht als solche gekennzeichnet. Häufig gibt es eine zusätzliche Suchkategorie für Kinder- und Jugendliteratur, in einigen Fällen auch noch einen Unterpunkt für Sachbücher. Eine in Altersgruppen eingeteilte Trefferauswahl ist nur teilweise gegeben. Selten gibt es eine zusätzliche

Suchoption direkt für Reihen oder Serien, wobei die Treffer dann auch belletristische Reihen beinhalten. Auf vielen Verlagsseiten sind die Reihen nicht als Gesamtheit zu finden, sondern die einzelnen Titel sind verstreut in einer großen Menge anderer Buchtitel aufgelistet.

Die Ermittlung von Sachbuchreihen über die Verlagsseiten im Internet war ergiebig.[33] Zusätzlich zur Onlinerecherche wurde in je einer Filiale der zwei großen Buchhandelsketten Hugendubel und Lehmanns recherchiert. Dort gesichtete Sachbuchreihen wurden gegebenenfalls in der Auflistung ergänzt.

Ausgeschlossen aus dieser Untersuchung blieben die Genres Bastel-, Handarbeits- und Malbücher sowie Schul- und Übungsbücher. Außerdem nicht aufgenommen wurden Buchreihen zur Vermittlung von Fremdsprachen, Rätselhefte und Wimmelbücher, obwohl man diese teilweise dem Genre Kindersachbuch zuordnen kann.

Auch Medienformen wie Spiele, Sachfilme, Hörbücher und Audio-CDs sind nicht in der Auflistung enthalten, da es sich bei den in dieser Arbeit untersuchten Werken primär um in Buchform erscheinende Reihen handelt. Jedoch werden andere Medienformen gegebenenfalls im Folgenden als Zusatzangebot zu den genannten Buchreihen erwähnt. Unter Berücksichtigung der vorgegebenen Ausschlusskriterien wurden insgesamt 44 Sachbuchreihen untersucht:

[33] Vollständigkeit bei der Auflistung der Sachbuchreihen kann nicht garantiert werden.

Verlag	Reihentitel	Alters- empfehlung
Arena	Kiddilight: Das weißt du schon!	ab 2 Jahren
	Kiddilight: Mein lustiges Drehscheibenbuch	ab 2 Jahren
	Sachbücher mit CD	ab 4 Jahren
Ars Edition	Lernraupe / Mein kleines Bilderlexikon	ab 2 Jahren
Bibliogr. Inst.	Duden / Kennst du das?	ab 1 Jahren
	Meyers kleine Kinderbibliothek	ab 3 Jahren
	Meyers kleine Kinderbibliothek: Licht an!	ab 4 Jahren
Carlsen	Hör mal	ab 2 Jahren
	Lesemaus	ab 3 Jahren
	Mein erstes buntes Bildwörterbuch	ab 18 Monaten
	Pixi Wissen	ab 6 Jahren
	Riech mal	ab 2 Jahren
	Schritt für Schritt erklärt	ab 3 Jahren
CBJ	Frag doch mal...: erstes Sachwissen	ab 3 Jahren
	Frag doch mal...	ab 6 Jahren
Compact	NaturDetektive	ab 6 Jahren
Coppenrath	Sehen – Tasten – Begreifen / Xavier Deneux	ab 2 Jahren
	Nature zoom: Spezialwissen	ab 6 Jahren
Del Medio	Lilly und Anton entdecken	ab 4 Jahren
DK	Erstes Lernen	ab 1 Jahr
	Klang-Klappenbuch	ab 1 Jahr
	Memo Wissen entdecken Kids	ab 6 Jahren
	Naturführer für Kinder	ab 6 Jahren
	Such mit!	ab 2 Jahren

Verlag	Reihentitel	Alters-empfehlung
Esslinger	Meine große Naturbibliothek	ab 4 Jahren
	Meine große Tierbibliothek	ab 4 Jahren
Gerstenberg	Ein Jahr mit den... / Thomas Müller	ab 5 Jahren
Loewe	Frag mich was	ab 5 Jahren
	Mein allererstes Bildwörterbuch	ab 2 Jahren
	Mein Leben als ...	ab 7 Jahren
Oetinger	Entdecke die Welt mit Polo Propeller	ab 4 Jahren
Ravensburger	Mein Natur Fühlbuch	ab 4 Jahren
	Wieso? Weshalb? Warum?	ab 4 Jahren
	Wieso? Weshalb? Warum? / Junior	ab 2 Jahren
Tandem	Entdecken, Erfahren, Erzählen	ab 5 Jahren
	Was ist das? Sehen und lernen!	ab 3 Jahren
Tessloff	Miniwelt / Klappenbuch	ab 2 Jahren
	Miniwelt / Kleines Puzzlebuch	ab 18 Monaten
	Miniwelt / Mein Fühlbuch	ab 1 Jahr
	Was ist Was / Junior	ab 5 Jahren
	Was ist Was / mini	ab 3 Jahren
Thienemann	Komm mit...	ab 4 Jahren
Xenos	Das große 3-D-Abenteuer	ab 5 Jahren
	Die Entdeckerlampe	ab 4 Jahren

Tabelle 1: Übersicht aller bewerteten Sachbuchreihen, alphabetisch nach Verlagen gelistet

Die 44 bewerteten Sachbuchreihen mit den Bewertungsergebnissen einschließlich der Zuordnung zu den Kategorien finden sich im Anhang, Anlage 1.

2.2 Bewertungsverfahren der recherchierten Sachbuchreihen

Die im Zuge dieser Arbeit entstandene Empfehlungsliste basiert auf der Untersuchung aller recherchierten Sachbuchreihen mithilfe eines Bewertungsbogens. Ziel der Bewertung war es, mithilfe eines Punktesystems einen Vergleichswert zu schaffen, durch den Rückschlüsse auf die Qualität einer Sachbuchreihe gezogen werden können. Einheitliche Maßstäbe, um zu entscheiden, ob ein Buch gut ist oder nicht, können nicht verallgemeinernd benannt werden. Trotzdem gibt es besonders im Zusammenhang mit der betrachteten Zielgruppe der 2- bis 6-Jährigen einige Kriterien, welche für ein gutes Buch sprechen.[34]

Bereits bei der Recherche aller Sachbuchreihen und während der Sichtung der Primärliteratur konnten qualitative Unterschiede festgestellt werden, aus denen sich Bewertungskriterien entwickeln ließen. Da die in diesem Buch erstellte Empfehlungsliste für Kindersachbuchreihen eine Erwerbungshilfe für Öffentliche Bibliotheken sein soll, wurden auch eigene Erfahrungen der Verfasserin aus der Bibliothekspraxis in die Erarbeitung der Kriterien einbezogen.

Zur weiteren Orientierung dienten Anregungen aus der Fachliteratur, in der verschiedene Kriterienkataloge für die Bewertung von Kindersachbüchern zu finden sind:

- Hans Gärtner: „Kriterien, die ein ‚brauchbares' Kinder-Sachbuch erfüllen sollte"[35]
- Klaus Doderer: „Sechs Regeln zur Beurteilung von Sachbüchern"[36]
- Iris Fürst: „Kriterien zur Beurteilung von Sachbüchern für Kinder"[37].

[34] Vgl. Neumann, Christine: Bücherspaß in der Kita, S. 25

[35] Vgl. Gärtner, Hans: Spaß an Büchern!, S. 152

[36] Gesehen in Marquardt, Manfred: Einführung in die Kinder- und Jugendliteratur, S. 136f

[37] Vgl. Fürst, Iris: Kinder- und Jugendliteratur, S. 156

Als weitere Autoren sind zu benennen: Christine Neumann[38], Christian Rittelmeyer[39], Jochen Weber[40] und Manfred Wespel[41]. Einen zusätzlichen Denkanstoß lieferte außerdem die Diplomarbeit von Anja Schnerr, in welcher 2011 ein ähnliches Bewertungsverfahren zu Kinderbüchern mit dem Thema Einschulung angewandt wurde.[42]

Der Bewertungsbogen[43] für die Untersuchung besteht aus insgesamt 24 Kriterien, die in drei Abschnitte unterteilt sind: Formale und inhaltliche Kriterien sowie Kriterien, welche die Eignung für die Veranstaltungsarbeit in einer Öffentlichen Bibliothek betreffen.[44]

Im **ersten Abschnitt** des Bewertungsbogens geht es um **die formalen Kriterien** der Bücher einer Sachbuchreihe.

- Ist eine altersgerechte Handhabung möglich oder sind die Bücher zu komplex aufgebaut?
- Sollten Erwachsene beim Durchsehen mithelfen oder können die Bücher alleine von Kleinkindern durchstöbert werden? Denn selbst „das Blättern im (Bilder-) Buch will gelernt sein.“[45]
- Sind die Bücher stabil, vor allem unter Berücksichtigung der Tatsache, dass sie in einer Öffentlichen Bibliothek täglich benutzt werden? Können die Seiten schnell reißen? Lassen sich die Bücher gegebenenfalls reinigen?

---

38 Vgl. Neumann, Christine: Bücherspaß in der Kita, S. 28f

39 Vgl. Rittelmeyer, Christian: Was sollen Kinder lesen, S. 54–151

40 Vgl. Weber, Jochen: Bewertung und Kritik von Sachbüchern für Kinder und Jugendliche

41 Vgl. Wespel, Manfred: Wie Kinder Leser werden

42 Vgl. Schnerr, Anja: Widerspiegelung des einschneidenden Abschnitts Einschulung in der aktuellen Kinderliteratur

43 Ein Muster des Bewertungsbogens ist in Anlage 3 zu finden.

44 Für die Punktevergabe wurden Aussagen verfasst, welche je nach Zutreffen mit 0 bis 3 Punkten bewertet werden konnten. Traf die Aussage nicht auf die vorliegende Reihe zu, wurden 0 Punkte vergeben, kaum zutreffende Aussagen erhielten 1 Punkt, eher zutreffende Aussagen 2 Punkte und Aussagen, welche komplett zutrafen, wurden mit 3 Punkten ausgezeichnet. Bei Aussagen, die nur als richtig oder falsch angesehen werden können, wurden entweder 0, oder 3 Punkte vergeben. Insgesamt konnten so 72 Punkte erzielt werden und es wurde ein Vergleichswert geschaffen, durch den Rückschlüsse auf die Qualität einer Sachbuchreihe gezogen werden können.

45 Gärtner, Hans: Spaß an Büchern!, S. 21

- Auf welche Art sind die Bücher gebunden? Die Bindungsart spielt eine Rolle, da Seiten zum Beispiel bei Ringbindungen leichter herausgerissen werden können als bei Klebebindungen.

Ein weiterer wichtiger Aspekt der formalen Kriterien ist die Ästhetik der ausgewählten Bücher:

- Sind die Reihen für Kinder ansprechend und liebevoll gestaltet? Gerade bei Reihen für die genannte Altersgruppe fanden sich mitunter lieblose, kitschige oder billig wirkende Gestaltungen.
- Sind zusätzliche Elemente wie Klappen, Folien, oder Fühlflächen vorhanden? Sie sind kein „Muss" für ein gutes Kindersachbuch, können aber durchaus das Interesse der Kinder wecken und Inhalte auf mehreren Ebenen vermitteln.
- Sind Bilder und Illustrationen vorhanden? Diese sind wichtig, um bei Kleinkindern die Lernerfahrung des Textes zu verstärken oder gar zu ersetzen. Da Kinder in dieser Altersgruppe normalerweise noch nicht selbst lesen können, wird ein hoher, aussagekräftiger Bildanteil gegenüber einem zu großen Textanteil bevorzugt.
- Wie ist der strukturelle Aufbau der Bücher angelegt? Ist dieser durch sinnvolle Überschriften und Kapiteleinteilungen strukturiert, oder wird das Thema in wahlloser Reihenfolge abgehandelt? „Ein Sachbuch [muss] seinen Gegenstand selbst erklären und für den Leser ohne fremde Hilfe verständlich sein."[46]

Bei der Bewertung der formalen Kriterien können maximal 18 Punkte erzielt werden.

---

[46] Weber, Jochen: Bewertung und Kritik von Sachbüchern für Kinder und Jugendliche, S. 80

I)	Formale Kriterien*	0	1	2	3
1.	Eine altersgerechte Handhabung ist möglich.				
2.	Die Stabilität ist ausreichend für den täglichen Gebrauch in einer ÖB.				
3.	Die Bücher sind ästhetisch ansprechend gestaltet.				
4.	Es gibt zusätzliche Elemente wie Klappen, Folien, Fühlbereiche, etc.**				
5.	Das Bild-Text-Verhältnis ist angemessen.				
6.	Die Bücher sind übersichtlich gestaltet.				
Erreichte Gesamtpunktzahl in Abschnitt I:		**/ 18**			

**: 0 = trifft nicht zu / 1 = trifft kaum zu / 2 = trifft eher zu / 3 = trifft komplett zu*
***: Da diese Frage nur mit Ja oder Nein beantwortet werden kann, erfolgt keine Abstufung.*

Tabelle 2: Ausschnitt aus dem Bewertungsbogen zu: I) Formale Kriterien

Der **zweite Abschnitt** des Bewertungsbogens beschäftigt sich mit **inhaltlichen Kriterien,** die Aufschluss über die Qualität von Sachbuchreihen für 2- bis 6-Jährige geben können.

- Entsprechen die Altersempfehlungen der Verlage de facto den Zielgruppen?
- Enthalten die Bücher einen Informationswert und wenn ja, ist dieser sachlich korrekt? „Vollständigkeit kann von einem Sachbuch kaum erwartet werden und ist auch nicht empfehlenswert, damit die Leser nicht vor der Menge der Information kapitulieren."[47]
- Ist die Informationsmenge für die angegebene Altersgruppe zumutbar, oder ist sie zumindest so aufgegliedert, dass sie in mehreren Sitzungen sinnvoll konsumiert werden kann? Weil Kleinkinder nur eine begrenzte Aufmerksamkeitsspanne haben, ist dieser Punkt ein wichtiges Beurteilungskriterium.
- Ist die Sprache anschaulich und verständlich, werden sachlich korrekte Terminologien verwendet und Inhalte kindgerecht vermittelt? „Die Kenntnis von Fachbegriffen darf nicht vorausgesetzt werden."[48]

[47] Ebd., S. 76

[48] Ebd., S. 77

- Sind die Abbildungen passend gewählt und liebevoll gestaltet? „Für kleine Kinder ist es schwer verständlich, wenn die im Text erwähnten Dinge auf dem Bild nicht wiederzufinden sind."[49]
- Findet auch Informationsvermittlung ganz ohne Text statt? Oder ist das Vorlesen durch einen Erwachsenen ein Muss für das sachliche Verständnis?
- Sind die Inhalte aktuell, ohne stereotype Imagevermittlung und ohne veraltete Wortwahl? Ist eine moderne Weltanschauung gegeben und wird sie authentisch vermittelt? Die Bücher sollten „nirgendwo pädagogisch aufdringlich [wirken]"[50].
- Bieten die Bücher neben der Information, die Kinder beim Betrachten der Sachbücher aufnehmen sollen, auch Unterhaltungswert? Denn wenn Bücher auch unterhaltsam sind, wird das Interesse der Kinder schneller geweckt und der Lernvorgang fällt ihnen leichter. Am besten ist es, wenn es in den Büchern so viel zu erforschen gibt, dass die Kinder sie auch gerne mehrfach ansehen und immer wieder Neues darin entdecken.
- Findet sich in den Kinderbüchern eine „Person, mit der das Kind sich identifizieren kann, und der Bezug zum Alltag der Kinder"[51]?
- Ist die Themenauswahl vielseitig? Besonders für die Erwerbungsabteilung einer Öffentlichen Bibliothek ist eine abwechslungsreiche Themenauswahl, die auch einige Besonderheiten gegenüber anderen Reihen bereithält, ein Punkt, der für den Einkauf spricht.

Bei der Bewertung der inhaltlichen Kriterien können maximal 36 Punkte erzielt werden.

---

49 Neumann, Christine: Bücherspaß in der Kita, S. 26

50 Gärtner, Hans: Spaß an Büchern!, S. 118

51 Ebd., S. 26

II)	Inhaltliche Kriterien*	0	1	2	3
7.	Das Buch ist für die Alterszielgruppe passend und hält dies konsequent ein.				
8.	Die vermittelte Information ist korrekt, objektiv und beinhaltet einen Sachwert.				
9.	Die Informationsmenge ist zumutbar und überschaubar.				
10.	Die Sprache ist anschaulich und leicht verständlich. Fachbegriffe werden erläutert.				
11.	Die Bilder sind passend gewählt und dienen als Unterstützung zum Textverständnis.				
12.	Kinder können auch ohne vorgelesen zu bekommen etwas mit dem Buch anfangen.				
13.	Die Inhalte sind aktuell, ohne veraltete Wortwahl und stereotype Imagevermittlung.				
14.	Die Inhalte bieten neben der Information auch Unterhaltungswert.				
15.	Es gibt so viel zu entdecken, dass Kinder es auch mehrfach ansehen würden.				
16.	Innerhalb des Buches bestehen sinnvolle Zusammenhänge.				
17.	Eine Identifikationsfigur begleitet die Kinder durch das Buch.**				
18.	Die Themenauswahl innerhalb der Reihen ist ansprechend und vielfältig.				
Erreichte Gesamtpunktzahl in Abschnitt II:		**/ 36**			

**: 0 = trifft nicht zu / 1 = trifft kaum zu / 2 = trifft eher zu / 3 = trifft komplett zu*
***: Da diese Frage nur mit Ja oder Nein beantwortet werden kann, erfolgt keine Abstufung.*

Tabelle 3: Ausschnitt aus dem Bewertungsbogen zu: II) Inhaltliche Kriterien

Im **dritten Abschnitt** werden die Reihen auf ihre **Eignung für die Veranstaltungsarbeit in Öffentlichen Bibliotheken** untersucht.

- Lassen sich die Texte gut vorlesen? Solche Texte bieten eine Hilfestellung für Eltern, Erzieher und Bibliothekare, da die Inhalte sich den Kindern auf einfache Weise näher bringen lassen. Sachbücher mit erzählendem Charakter eignen sich dafür besonders gut.
- Betreffen die Inhalte Themen, die den Alltag und das Umfeld von Kleinkindern betreffen und liefern die vorliegenden Inhalte genügend Gesprächsstoff, um mit den Kindern eigene Erfahrungen und Interessen austauschen zu können?
- Können die Inhalte das Interesse der Kinder für angrenzende Themengebiete wecken und geben die Bücher Anstoß zum selbstständigen Forschen und Ausprobieren? Können die Inhalte helfen, interessante Veranstaltungskonzepte zu entwickeln?
- Sind die Reihen multimedial aufbereitet? In Veranstaltungen können zum Beispiel Hörbücher, Hörstifte oder Websites zum Einsatz kommen, wenn ein passendes Zusatzangebot zur reinen Buchform besteht.

Bei der Eignung für die Veranstaltungsarbeit in Öffentlichen Bibliotheken können maximal 18 Punkte erzielt werden.

III)	Eignung für die Veranstaltungsarbeit in einer ÖB*	0	1	2	3
19.	Die Texte sind zum Vorlesen geeignet.				
20.	Die Inhalte bieten geeigneten Gesprächsstoff.				
21.	Die Themen betreffen Alltag und Umfeld von Kleinkindern.				
22.	Die Bücher geben einen Anstoß zum selbstständigen Forschen und Ausprobieren.				
23.	Interesse für weitere Befassung mit diesem/ angrenzenden Themen wird geweckt.				
24.	Die Bücher sind mit anderen Medien verknüpft. (Website, Hörbuch, Hörstift, etc.)**				
Erreichte Gesamtpunktzahl in Abschnitt III:		**/ 18**			

**: 0 = trifft nicht zu / 1 = trifft kaum zu / 2 = trifft eher zu / 3 = trifft komplett zu*
***: Da diese Frage nur mit Ja oder Nein beantwortet werden kann, erfolgt keine Abstufung.*

Tabelle 4: Ausschnitt aus dem Bewertungsbogen zu: III) Eignung für die Veranstaltungsarbeit in einer ÖB

Der vollständige Bewertungsbogen kann in Anlage 2 nachgeschlagen werden.

3. Einteilung der Sachbuchreihen in Kategorien und Bewertungsergebnisse

Bei der Bewertung der ausgewählten Buchtitel stellten sich zum Teil verlagsübergreifende Gemeinsamkeiten von unterschiedlichen Sachbuchreihen heraus. Sowohl das allgemeine Design der Bücher, als auch die Methodik der Wissensvermittlung sind oftmals ähnlich gestaltet. Einzelne Buchkonzepte wurden von mehreren Verlagen parallel umgesetzt und veröffentlicht. Daher wäre es nicht sinnvoll, jede einzelne Reihe im Detail zu beschreiben. Stattdessen wurden sechs verschiedene Kategorien erarbeitet, in die alle Sachbuchreihen eingeteilt werden können. Meist ist die eindeutige Zuordnung der Sachbuchreihen in eine der sechs Kategorien möglich. In einigen Büchern werden zur Wissensvermittlung jedoch mehrere Strategien simultan angewandt und daher können sie gleichzeitig in verschiedene Kategorien eingeteilt werden. Beispielsweise kann ein Buch zum Vorlesen zusätzlich Klapp- und Folienelemente für die aktive Betätigung durch das Kind enthalten. Auch das Mischen von klassischen Sachbüchern mit Tast- oder Hörelementen ist denkbar.

Die sechs Kategorien lauten:

1. Erster Wortschatz
2. Wissen durch Zuhören
3. Was Kinder fragen
4. Forschen und Entdecken
5. Klappen- und Folienbücher
6. Lernen mit allen Sinnen.

Eine genaue Beschreibung dieser sechs Kategorien wird im Folgenden anhand konkreter Beispiele vorgenommen. Weiterhin werden Auffälligkeiten in der Ergebnisauswertung genannt und die besten Reihen einer Kategorie vorgestellt. Jede Kategorie hat durch die verschiedenen Methoden der Wissensvermittlung ihre ganz eigenen Vor- und Nachteile. Trotzdem hebt der Vergleich der Bewertungsergebnisse innerhalb einer Kategorie recht eindeutig die besten Sachbuchreihen hervor.

Für die Empfehlungsliste (siehe Anlage 10) wurden immer die zwei Sachbuchreihen gelistet, welche innerhalb ihrer Kategorie mit der höchsten Gesamtpunktzahl abschneiden konnten.

3.1 Erster Wortschatz

In die Kategorie „Erster Wortschatz“ fallen alle Buchreihen, die sich vorrangig mit dem Erlernen der ersten Wörter im Kleinkindalter befassen. Im Alter von etwa 1 Jahr haben Kinder bereits einen kleinen, aktiven Wortschatz. Verstehen können sie in diesem Alter meist schon mehr, der passive Wortschatz ist also größer. Außerdem können in dieser Lebensphase bereits in Büchern abgebildete Gegenstände erkannt und einfache Handlungen korrekt interpretiert werden.[52] Ab 2 Jahren „fangen Kinder an, richtig zu sprechen“[53]. Demzufolge wenden sich Bücher der Kategorie „Erster Wortschatz“ meist an Kinder von 0 bis 3 Jahren. Dies zeigt sich auch in der äußeren Gestaltung der Bücher. Sie alle haben handliche Formate und robuste Seiten aus Pappe, oder sogar Schaumstoff. So können auch die Jüngsten selbstständig darin blättern. Obwohl also hauptsächlich die, das Alter betreffend, untere Grenze der betrachteten Zielgruppe angesprochen wird, machen Buchreihen zum ersten Wortschatz einen wichtigen Teil in der aktuellen Sachbuchlandschaft für Kinder aus. Das Prinzip dieser Bücher ist recht einfach und variiert in den Reihen unterschiedlicher Verlage nur gering: Abgebildet sind einzelne Gegenstände mit einer Bildunterschrift, welche durch Vorlesen an das Kind vermittelt wird. Durch das Nachsprechen der Wörter und das gleichzeitige Betrachten der zugehörigen Bilder, werden die Benennungen von Gegenständen im Wortschatz des Kindes gefestigt.

Sachbücher, welche laut Verlagsangabe bereits ab 0 Jahren geeignet sind, wurden in dieser Untersuchung nicht mit in das Bewertungsverfahren aufgenommen. Diese sind besonders einfach strukturiert und zeigen pro Seite meist nur einen einzelnen Gegenstand. Eine Ausnahme bildet die Bildwörterbuchreihe von Xavier Deneux[54], welche im Coppenrath Verlag in der Serie „Sehen – Tasten – Begreifen“ erscheint. In diesen Büchern wird zusätzlich zur Wortschatzerweiterung ein Fokus auf das künstlerische Design gelegt

---

[52] Vgl. Neumann, Christine: Bücherspaß in der Kita, S. 20f

[53] Ebd., S. 21

[54] Siehe: Deneux, Xavier: Die Gegensätze

und Stanzungen in den Pappseiten ermöglichen eine Lernerfahrung zum Anfassen. Somit eignet sich diese Reihe auch noch für 2-jährige Kinder. Weiterhin wurden auch die Puzzlebücher aus der Miniwelt-Reihe[55] des Tessloff Verlages mitbewertet. Hier wird in kleinen, robusten Pappbüchern pro Seite ein Gegenstand dargestellt. Die Besonderheit ist, dass die Illustrationen als Puzzleelemente herausgenommen und wieder eingesetzt werden können. Durch selbstständiges Agieren und Lösen des Puzzles von den Kindern kann der Wortschatz erweitert und gleichzeitig die Lernerfahrung der Kinder verstärkt werden. Diese Buchreihe könnte auch in der Kategorie „Lernen mit allen Sinnen" untergebracht werden.

Je älter die Kinder werden, umso mehr wächst ihre Aufnahmefähigkeit. Das Betrachten von Bildern wird für sie interessanter und einzelne, schon bekannte Dinge können benannt werden. Unbekanntes wird erfragt und neu gelernte Wörter wiederholt.[56] Daher enthalten Bücher der Kategorie „Erster Wortschatz" mit zunehmender Altersempfehlung mehrere Gegenstände pro Seite, die jedoch jeder für sich und ohne Zusammenhang stehen. Die Abbildungen sind entweder Fotos oder gezeichnete Illustrationen. Es gibt auch Bücher, in denen Mischformen auftreten. Beispiele dafür sind die Reihen[57] „Kennst du das?" von Duden und „Erstes Lernen"[58] von Dorling Kindersley. In diesen Büchern tauchen immer wieder Fragen auf, die Kinder animieren, Begriffe selbst zu erraten, kleine Rätsel zu lösen, oder eigene Gedanken zu formulieren. Auch die Reihe „Mein kleines Bilderlexikon"[59] aus dem Lernraupe-Programm von Ars Edition vermittelt Wortschatz durch die Darstellung einzelner Gegenstände, mit dem Zusatz einer Drehscheibe, mithilfe derer die Kinder zu einem vorgegebenen Begriff die richtige Abbildung finden sollen.

Die Reihe „Mein erstes buntes Bildwörterbuch"[60] von Carlsen bringt durch zusätzliche Klappen Interaktivität in das Lernerlebnis und könnte daher auch der Kategorie „Klappen- und Folienbücher" zugeordnet werden. Das besondere an den Büchern dieser Reihe ist, dass auf eine Seite mit einzelnen Gegenständen stets eine ganzseitige Illustration folgt, welche die zuvor ge-

---

55 Siehe: Meine Sachen: mit 5 Puzzleteilen!

56 Vgl. Neumann, Christine: Bücherspaß in der Kita, S. 21

57 Siehe: Die Formen

58 Siehe: Zu Hause

59 Siehe: Mein kleines Bilderlexikon: bei den Tieren; [mit Drehscheibe]

60 Siehe: Beim Kinderarzt: mit spannenden Klappen

lernten Dinge in einer bildlichen Szene zeigt und somit die Zusammenhänge zwischen ihnen verdeutlicht.

Noch mehr zusätzlichen Kontext zur Wortschatzvermittlung liefert die Reihe „Mein allererstes Bildwörterbuch“[61] aus dem Loewe Verlag. Auf jeder Doppelseite gibt es eine Überschrift mit zugehöriger Illustration, in der einzelne Begriffe benannt werden. Auf der Nebenseite beschreiben Bilder mit kurzen Erklärungs-Sätzen genauere Zusammenhänge. So wird neben der Erweiterung des Wortschatzes auch schon erstes Sachwissen vermittelt. Die Bücher dieser Reihe eigenen sich besser zum Vorlesen, als andere der hier besprochenen Kategorie.

Der Kategorie „Erster Wortschatz“ konnten neun verschiedene Buchreihen zugeordnet werden. Diese schnitten im ersten Abschnitt des Bewertungsbogens gut ab, da sie robust verarbeitet sind und sich durch viele Bilder und sehr wenig Text auszeichnen. Bücher, die neben der bloßen Gegenstandsdarstellung auch Zusammenhänge andeuten und Kinder dazu animieren, selbst zu sprechen oder kleine Rätsel zu lösen, konnten generell mehr Punkte erzielen, da damit einhergehend auch die Verwendbarkeit in der bibliothekarischen Veranstaltungsarbeit größer ist. Bei zu einfachen Darstellungen von bloßen Gegenständen besteht außerdem das Risiko, die betrachtete Zielgruppe zu unterfordern. Einen Überblick über alle erzielten Gesamtpunktzahlen der Buchreihen in der Kategorie „Erster Wortschatz“ liefert folgende Tabelle.

Reihentitel	**Verlag**	**Gesamt-punkt-zahl**
1. Mein erstes buntes Bildwörterbuch	Carlsen	51
2. Erstes Lernen	DK	49
3. Lernraupe / Mein kleines Bilderlexikon	Ars Edition	46
4. Mein allererstes Bildwörterbuch	Loewe	46
5. Sehen – Tasten – Begreifen / Xavier Deneux	Coppenrath	44
6. Such mit!	DK	40
7. Duden / Kennst du das?	Bibliogr. Inst.	39

61 Siehe: Alles über Tiere

Reihentitel	Verlag	Gesamt-punkt-zahl
8. Kiddilight: Das weißt du schon!	Arena	38
9. Miniwelt / Kleines Puzzlebuch	Tessloff	36

Tabelle 5: Bewertungsergebnisse aus der Kategorie „Erster Wortschatz"

Die beste Sachbuchreihe aus der Kategorie „Erster Wortschatz" ist mit 51 Punkten „Mein erstes buntes Bildwörterbuch"[62] von Carlsen. Die Bücher sind robust aus Pappe und haben ein kindgerechtes Format. Bisher gibt es erst eine kleine Auswahl an Themen, die jedoch alle sehr interessant für Kinder sind und sich mit ihrer Umwelt auseinandersetzen. Die Reihe kann beim Erlernen eines schon spezifischeren Wortschatzes helfen. Auf einer Seite werden verschiedene, gezeichnete Gegenstände mit jeweils einer Bildunterschrift gezeigt. Vereinzelte Klappelemente bringen Dynamik in das Erlernen dieser Begriffe und stellen verschiedene Facetten oder Bewegungsabläufe der Abbildungen dar. Die Gegenstände können durch Vorlesen der Bildunterschrift erklärt und die Wörter von Kindern wiedergegeben oder selbst erraten werden. Auf der angrenzenden Seite ist eine bildliche Szene dargestellt, in der alle vorher gezeigten Gegenstände zu finden sind. So werden Zusammenhänge verdeutlicht und ein Kontext entsteht. Die Bücher sind bereits für 2-jährige Kinder geeignet, können aber auch noch gut mit älteren angesehen werden.

Ebenfalls ein gutes Ergebnis (49 Punkte) erzielte die Reihe „Erstes Lernen"[63] aus dem Dorling Kindersley Verlag. Durch ein außen liegendes Griffregister gelangt man in den robusten Pappbüchern zu themenbezogenen Doppelseiten. Dort sind in Form von Fotos Gegenstände abgebildet, welche mit einer Bildunterschrift versehen sind – zum Wörter lernen, nachsprechen und zuordnen. Außerdem sind des Öfteren Fragen integriert, die zum selbstständigen Denken, Zählen und Rätseln animieren. Die Aufmachung ist sehr bunt und kindgerecht und es gibt viel zu entdecken. Für 2-Jährige und sogar noch jüngere Kinder gut geeignet.

Alle ausgefüllten Bewertungsbögen aus der Kategorie „Erster Wortschatz", inklusive der Beschreibung jeder einzelnen Reihe, sind in Anlage 3 zu finden.

---

[62] Siehe: Beim Kinderarzt: mit spannenden Klappen

[63] Siehe: Zu Hause

3.2 Wissen durch Zuhören

Die Kategorie „Wissen durch Zuhören" bedeutet, dass die Kinder während des Lauschens einer Vorlesegeschichte ganz nebenbei Sachwissen vermittelt bekommen. Im Vordergrund soll bei Sachbuchreihen in dieser Kategorie neben dem reinen Interesse an einem Thema, der erholsame und vertraute Moment des Vorlesens stehen. Faktenwissen ist in die Handlung der Geschichte eingebaut und Informationen werden durch Erlebnisschilderungen der in den Büchern agierenden Personen übermittelt. Das bedeutet, dass sich Sachwissen mit Fiktion und Fantastischem vermischen kann. Die Vorlesegeschichten werden zur besseren Identifikation mit den Hauptcharakteren entweder aus der Sicht eines Kinder oder eines Tieres erzählt. Die Bücher in dieser Kategorie sind meist textlastiger als andere Sachbücher für die gleiche Zielgruppe, da sie konkret zum Vorlesen durch Erwachsene gedacht sind. Fakten werden hier nicht trocken aneinander gereiht, sondern ein fließender Erzählduktus sorgt für unterhaltsame, oder sogar spannend geschriebene Texte. In der Kategorie „Wissen durch Zuhören" gibt es für alle Altersgruppen eine passende Reihe. Das ist insofern wichtig, als mit steigendem Alter sich Kinder für immer komplexere Themen interessieren und auch längeren Geschichten folgen können. Wenn sie jedoch noch nicht selbst lesen können, und das ist bei fast allen Kindern aus der hier betrachteten Zielgruppe der Fall, dann sind sie auf das Vorlesen durch Erwachsene angewiesen.[64]

Für Kinder ab 2 Jahren wird beispielsweise die Klappenbuch Reihe[65] aus dem Miniwelt-Programm im Tessloff Verlag publiziert. Hier geht es in kurzen Geschichten um die alltäglichen Herausforderungen von Kleinkindern, so dass sich diese gut identifizieren können. Vereinzelte integrierte Buch-Klappen sorgen für Interaktivität neben dem Zuhören. Eine Einteilung dieser Reihe in die Kategorie „Klappen- und Folienbücher" ist ebenso denkbar. Genauso verhält es sich mit der Reihe „Mein lustiges Drehscheibenbuch"[66] aus dem Kiddilight-Programm des Arena Verlages, in denen die von Kindern oder Tieren handelnde Geschichte durch Drehelemente zum selbstständigen Betätigen aufgelockert wird.

---

64 Vgl. Neumann, Christine: Bücherspaß in der Kita, S. 22ff

65 Siehe: Ich geh' aufs Töpfchen!: mit 10 tollen Klappen!

66 Siehe: Döring, Hans-Günther: Mein lustiges Drehscheibenbuch: alle Tiere sind schon da! Ein Zählbuch

Auch für ein junges Publikum geeignet sind die „Lesemaus“[67]-Hefte von Carlsen und die Reihe „Was ist Was / mini“[68] von Tessloff. In kindgerechten Sachgeschichten wird dort entweder direkt von einem Kind in der Ich-Form erzählt, oder die Geschichten beschreiben die Lebenswelt und alltägliche Situationen von Kindern, welche als Identifikationsfiguren gesehen werden können. „Was ist Was / mini“ hat dabei kürzere Textsequenzen mit vorangestellten Überschriften in Frageform, außerdem gibt es am Ende ein kurzes Quiz, in dem das in der Geschichte vermittelte Sachwissen überprüft werden kann. Der Aufbau ähnelt also trotz Vorlesegeschichte einem klassischen Sachbuch aus der Kategorie „Was Kinder fragen“.

Eine weitere Sachbuchreihe in der Kategorie „Wissen durch Zuhören“ ist „Schritt für Schritt erklärt“[69] von Carlsen. In den detailreichen Bilderbüchern werden durch Sachgeschichten – mit Kindern als Identifikationsfiguren – komplexe Vorgänge und Zusammenhänge in logischen Schritten erklärt. So können auch schon 3-Jährige etwas davon verstehen. Zusätzliche Klappelemente verstärken das Vorleseerlebnis und immer wieder gibt es Anregungen zum eigenen Handeln.

In der Reihe „Komm mit...“[70] von Thienemann werden die beiden Kinder Lucas und Julia durch ein Thema begleitet. Am Seitenrand werden einzelne Begriffe durch Illustrationen gezeigt, außerdem gibt es ein ganzseitiges Bild, welches die vorgelesene Szene veranschaulicht. Immer wieder werden die Kinder aufgefordert, Fragen zu beantworten oder Suchaufgaben zu lösen. Einige Titel dieser Reihe sind auch als Version mit Ting-Stift erhältlich, wodurch sich Kinder auch ohne die Anwesenheit eines Erwachsenen vorlesen lassen können. Ganz ähnlich ist es bei der „Sachbuchreihe mit CD“[71] aus dem Arena Verlag. Der Bilderbuchcharakter und die vielen Illustrationen unterstützen die Lernerfahrung. Als begleitendes Material gibt es zu jedem Buch eine Audio-CD, auf der die gesamte Sachgeschichte vorgelesen wird, inklusive Geräusche und Musik.

---

67 Siehe: Auf dem Bauernhof durch das Jahr: mit großem Kalender-Poster

68 Siehe: Komm, wir gehen an den Strand!

69 Siehe: Was passiert mit dem Papiermüll?: mit vielen Klappen

70 Siehe: Komm mit, wir entdecken den Sommer: Bilder und Begriffe

71 Siehe: Wie lebt die kleine Honigbiene? [Medienkombination]: eine Geschichte mit vielen Sachinformationen

Die Fokussierung auf eine schöne Gestaltung und die Vermittlung von Wissen durch eine Bilderbuchgeschichte erfolgt in der Sachbuchreihe „Ein Jahr mit den..."[72] von Thomas Müller des Gerstenberg Verlages. 2015 gab es vier Titel, die sich alle mit einer bestimmten Vogelart beschäftigen. Ein Tier wird in einer Vorlesegeschichte durch ein Jahr begleitet. Im Vordergrund stehen die ganzseitigen Illustrationen, welche durch die Textpassagen untermauert werden. Für ältere Kinder gibt es die spannend erzählte Buchreihe „Mein Leben als ..."[73] aus dem Loewe Verlag. Die Bücher sind wie Tagebücher von jeweils einem bestimmten Tier gestaltet. Bilder, Fotografien, Infokästen und Grafiken verstärken die Lernerfahrung zusätzlich zur Geschichte.

Für die höher bewerteten Titel dieser Kategorie war unter anderem entscheidend, dass die Themen häufiger aus der tatsächlichen Lebenswelt der Kinder stammen und somit für diese ansprechender erscheinen.

Alle neun Reihen aus der Kategorie „Wissen durch Zuhören" können anhand ihrer Gesamtpunktzahl in folgender Tabelle verglichen werden.

Reihentitel	**Verlag**	**Gesamtpunktzahl**
1. Was ist Was / mini	Tessloff	58
2. Schritt für Schritt erklärt	Carlsen	58
3. Komm mit...	Thienemann	51
4. Sachbücher mit CD	Arena	51
5. Kiddilight: Mein lustiges Drehscheibenbuch	Arena	50
6. Lesemaus	Carlsen	48
7. Miniwelt / Klappenbuch	Tessloff	47
8. Ein Jahr mit den... / Thomas Müller	Gerstenberg	40
9. Mein Leben als ...	Loewe	40

Tabelle 6: Bewertungsergebnisse aus der Kategorie „Wissen durch Zuhören"

72 Siehe: Müller, Thomas: Ein Jahr mit den Eulen

73 Siehe: Mein Leben als Pinguin

Mit 58 Punkten glänzt in der Kategorie „Wissen durch Zuhören" die Sachbuchreihe „Schritt für Schritt erklärt"[74] von Carlsen. Die großformatigen Bücher erklären komplexe Vorgänge in logischen Schritten und machen Zusammenhänge ersichtlich. Dazu gibt es eine Sachgeschichte, welche mit Infotexten und detaillierten Illustrationen untermauert wird. Durch den Erzählstrang im gesamten Buch kann das Wissen in einfacher Weise durch Vorlesen vermittelt werden. Dank der vielen ergänzenden Klappen im Buch können die Kinder aber auch aktiv mitlernen. Teilweise werden Fragen gestellt und Anleitungen zu eigenem Handeln gegeben. Die Themenauswahl innerhalb der Reihe ist interessant und weicht von den typischen Standardthemen ab. Somit ist sie bestens für die betrachtete Zielgruppe geeignet und vor allem für Kinder ab 4 Jahren zu empfehlen.

Ebenso 58 Punkte in der Kategorie „Wissen durch Zuhören" kann die Reihe „Was ist was? / mini"[75] von Tessloff erzielen. Hier erscheinen handliche Bücher im praktischen Format, die durch den dicken Einband und die Pappseiten sehr stabil sind. Die Themenauswahl dieser Reihe ist vielfältig und beschäftigt sich mit dem Alltag und der Lebenswelt von Kleinkindern. Jede Seite wird durch eine Überschrift in Frageform eingeleitet. Darauf folgen ein kurzer, erzählerischer Text und einige Begriffserklärungen in den bunten Bildern. Eine Identifikationsfigur begleitet die kleinen Zuhörer durch das ganze Buch und vermittelt durch ihre Erlebnisse Sachwissen. Dank dieser Erzählstruktur sind die Bücher bestens zum Vorlesen geeignet. Auf der letzten Seite befindet sich ein kurzes Quiz, dessen Lösungen mit Klappen aufgedeckt werden können. So entsteht ein abwechslungsreiches Lernerlebnis für Kinder ab 3 Jahren.

Alle ausgefüllten Bewertungsbögen aus der Kategorie „Wissen durch Zuhören", inklusive der Beschreibung jeder einzelnen Reihe, sind in Anlage 4 zu finden.

3.3 Was Kinder fragen

Bücher in der Kategorie „Was Kinder fragen" sind klassische Sachbücher, die durch die Verwendung von Fließtexten, Illustrationen, Grafiken,

74 Siehe: Was passiert mit dem Papiermüll?: mit vielen Klappen

75 Siehe: Komm, wir gehen an den Strand!

Informationskästen und Ähnlichem Wissen vermitteln. Typisch sind für Bücher in dieser Kategorie zudem Inhaltsverzeichnisse, Glossare oder Lexikonseiten, sowie Stichwortregister. Einen Erzählstrang oder zusammenhängende Handlungen gibt es nur selten. Die Bezeichnung dieser Kategorie orientiert sich an der in diesen Büchern auffälligen Kapitelgliederung. Einzelne Seiten werden zumeist durch eine Überschrift eingeleitet. Oftmals sind diese Überschriften als Fragen formuliert, auf die dann Informationen zur Beantwortung folgen. Viele dieser Sachbuchreihen sind sehr umfangreich und textlastig. Da jedoch keine zusammenhängende Geschichte besteht, sondern bloße Fakten aneinander gereiht werden, eignen sich Bücher aus dieser Kategorie nur bedingt zum Vorlesen. Hinzu kommt die Komplexität der Themenauswahl, welche viele dieser Bücher betrifft. Deshalb ist der Großteil aller Reihen in der Kategorie „Was Kinder fragen" nur für die Ältesten der betrachteten Zielgruppe geeignet, oder sogar schon für Grundschüler mit ersten Leseerfahrungen.

Beispielhaft können hier die Reihen „Frag mich was"[76] von Loewe, „Frag doch mal..."[77] von cbj und auch die „Pixi Wissen"[78]-Reihe von Carlsen genannt werden. Letztere hat die Besonderheit, dass immer wieder Quizfragen gestellt werden, was die Sachwissensvermittlung auflockert und den Lerneffekt verstärkt. Etwas übersichtlicher und leichter verständlich sind die Reihen „Was ist das? Sehen und lernen!"[79] aus dem Tandem Verlag und „Meine große Naturbibliothek"[80] von Esslinger. Einfachere und kürzere Texte, ein kleinerer Umfang und Themen aus dem alltäglichen Leben von Kindern sorgen für leichtes Verstehen bereits bei 3- bis 4-Jährigen.

Die Bücher der Reihe „Entdecken, Erfahren, Erzählen"[81], ebenfalls im Tandem Verlag erschienen, sind wie ein Lexikon aufgebaut. Durch viele Bilder und kurze Textpassagen erfährt man unterschiedliche Fakten zu einem übergeordneten Thema und kann bei Bedarf Interessensgebiete nachschlagen. Sehr speziell ist die Reihe „Lilly und Anton entdecken"[82] von Del Medio.

---

76 Siehe: Altes Ägypten

77 Siehe: Ägypten: mit vielen Extras: Aufdeckfolie, Aufklappseiten, Sammelposter

78 Siehe: Eisenbahn: mit Wissen macht Ah! Extraseiten

79 Siehe: Ponys

80 Siehe: Obst

81 Siehe: Natur

82 Siehe: Berlin

Die Pappbücher sind wie Reiseführer für Kinder zu verschiedenen Städten Europas gestaltet. Sie kommen ohne Fotos aus und zeigen detaillierte Zeichnungen der jeweiligen Stadt. Allerdings sind die Bücher sehr textlastig und vermitteln die Information relativ trocken, daher eignen sie sich eher für ältere Kinder.

Mehr als die Hälfte der zehn Sachbuchreihen aus der Kategorie „Was Kinder fragen" haben eine Gesamtpunktzahl von 38 oder 39 Punkten. Tatsächlich ähneln sie sich in ihrer Aufmachung und sind wegen des hohen Textanteils meist für ältere Kinder und Erstleser gedacht. Besser abschneiden konnten die Reihen mit mehr Bildern und weniger Text, sowie mit Identifikationsfiguren, die durch das Buch begleiten und einen Bezug zur eigenen Lebenswelt von Kindern herstellen.

Hier die Ergebnisse der erreichten Gesamtpunktzahlen zu Reihen zum Thema „Was Kinder fragen...":

Reihentitel	**Verlag**	**Gesamtpunktzahl**
1. Was ist Was / mini	Tessloff	58
2. Entdecken, Erfahren, Erzählen	Tandem	46
3. Was ist das? Sehen und lernen!	Tandem	42
4. Frag doch mal...	CBJ	39
5. Frag mich was	Loewe	39
6. Lilly und Anton entdecken	Del Medio	39
7. Pixi Wissen	Carlsen	39
8. Meine große Naturbibliothek	Esslinger	38
9. Memo Wissen entdecken / Kids	DK	38
10. Meine große Tierbibliothek	Esslinger	36

Tabelle 7: Bewertungsergebnisse aus der Kategorie „Was Kinder fragen"

Mit 58 Punkten steht die Reihe „Was ist Was / mini"[83] von Tessloff an der Spitze der Kategorie „Was Kinder fragen". Da diese Reihe aber auch zum

[83] Siehe: Komm, wir gehen an den Strand!

Vorlesen geeignet ist, wurde sie bereits im Kapitel zur Kategorie „Wissen durch Zuhören" genauer beschrieben. (Siehe Seite 38). Die beiden nächstplatzierten Reihen mit 46 und 42 Punkten in der Gesamtwertung stammen aus dem Tandem Verlag. Bei „Entdecken, Erfahren, Erzählen"[84] ist jeder Titel wie ein Lexikon zu einem bestimmten, für Kinder interessanten Oberbegriff aufgebaut. Durch viele, sehr schöne Bilder und kurze Textpassagen erfährt man Wissenswertes zu diesem übergeordneten Thema. Die Bücher sind ansprechend gestaltet und perfekt für die betrachtete Zielgruppe, vor allem für Kinder ab 4 Jahren, geeignet. Aufgrund des großen Umfangs sind die Bücher nicht zum Vorlesen von der ersten bis zur letzten Seite gedacht, sondern um darin zu schmökern und verschiedene Interessen nachzuschlagen.

Die robusten, handlichen Bücher aus der Reihe „Was ist das? Sehen und lernen!"[85], vermitteln durch Textpassagen und bunte Illustrationen Sachwissen. Jede Doppelseite steht unter einer Überschrift. In den Bildern sind teilweise noch ergänzende Begriffserklärungen zu finden, wodurch das Design teilweise etwas überladen und zudem lieblos wirkt. Insgesamt konnte die Reihe dank ihrer vielfältigen Themenauswahl jedoch gut abschneiden. Geeignet ist sie ab 3 Jahren.

Alle ausgefüllten Bewertungsbögen aus der Kategorie „Was Kinder fragen", inklusive der Beschreibung jeder einzelnen Reihe, sind in Anlage 5 zu finden.

3.4 Forschen und Entdecken

Bücher der Kategorie „Forschen und Entdecken" zeichnen sich durch eine völlig andere Herangehensweise an die Sachwissenvermittlung aus, als sie zum Beispiel in klassischen Sachbüchern der Kategorie „Was Kinder Fragen" gegeben ist. Sie sind für Beobachtungen direkt in der Natur konzipiert. Die hauptsächliche Aneignung von Sachwissen findet also nicht durch das Lesen der Bücher selbst statt, sondern durch die von ihnen initiierten Expeditionen, Experimente und anderweitigen Anregungen zum selbstständigen Handeln. Obwohl eine Vielzahl solcher Bücher auf dem Buchmarkt existiert, konnten für die Altersgruppe der 2- bis 6-Jährigen nur drei Sachbuchreihen in das

84 Siehe: Natur

85 Siehe: Ponys

Bewertungsverfahren aufgenommen werden, denn meist sind diese Bücher erst sinnvoll benutzbar, wenn das Kind schon selbst lesen kann.

Beispielhaft können die kleinformatigen Heftchen der „Nature zoom: Spezialwissen"[86]-Reihe von Coppenrath genannt werden. Durch kurze Informationstexte und nützliche Zeichnungen regen sie zum Forschen und Experimentieren an. Die Bewertungsergebnisse mit Gesamtpunktzahlen stehen in folgender Tabelle:

Reihentitel	**Verlag**	**Gesamt-punkt-zahl**
1. NaturDetektive	Compact	48
2. Nature zoom: Spezialwissen	Coppenrath	39
3. Naturführer für Kinder	DK	29

Tabelle 8: Bewertungsergebnisse aus der Kategorie „Forschen und Entdecken"

Da nur drei verschiedene Sachbuchreihen in die Kategorie „Forschen und Entdecken" fallen, wird im Folgenden nur die mit der höchsten Gesamtpunktzahl beschrieben. Dabei handelt es sich um „NaturDetektive"[87] von Compact. Die Bücher dieser Reihe regen zum selbstständigen Forschen und Entdecken an. Lexikonartig werden Tiere, Pflanzen, etc. beschrieben und es wird erklärt, wie man sie bestimmen, wo man sie finden und was man damit machen kann. Dazu zeigen mehrere Fotografien, wie das Besprochene aussieht. Ein Inhaltsverzeichnis, Kapitelüberschriften, ein Glossar und ein Register verschaffen Überblick. Immer wieder gibt es Anleitungen zum selbstständigen Basteln, Bauen, Experimentieren und Forschen, sowie Quizfragen und Infokästen mit interessanten Anregungen. Zusammen mit dieser Reihe gibt es die Website *www.naturdetektive.de*, auf der es einen stets aktualisierten „Fall der Woche", ein „Thema des Monats" und einen „Detektiv-Auftrag" gibt. Außerdem finden sich dort viele weitere Fakten, ein Lexikon und Spiele. Das Konzept der „NaturDetektive" ist gut gelungen, schön umgesetzt und regt das Interesse für Natur an. Daher ist diese auch mit ganzen 9 Punkten Vorsprung die Gewinnerreihe aus der Kategorie „Forschen und Entdecken".

[86] Siehe: Spezialwissen Tierspuren

[87] Siehe: Kuhn, Birgit: Bäume + Sträucher

Durch den hohen Textgehalt sind die Bücher für kleinere Kinder nur zusammen mit Erwachsenen sinnvoll nutzbar und ab 6 Jahren zu empfehlen.

Alle ausgefüllten Bewertungsbögen aus der Kategorie „Forschen und Entdecken“, inklusive der Beschreibung jeder einzelnen Reihe, sind in Anlage 6 zu finden.

3.5 Klappen- und Folienbücher

Alle Sachbuchreihen, die sich zur Vermittlung von Sachwissen auf die Verwendung von Klappelementen und Folien berufen, fallen in die Kategorie „Klappen- und Folienbücher“. Die meisten Bücher dieser Art sind wie die klassischen Sachbücher aus der Kategorie „Was Kinder fragen“ aufgebaut, mit dem Unterschied, dass ein Großteil der Information durch aktives Bedienen von Klapp- und Folienelementen verdeutlicht wird. Zwei Ausnahmen sind die Reihe „Schritt für Schritt erklärt“[88] von Carlsen und die Klappenbücher[89] aus dem Miniwelt-Programm von Tessloff, welche erzählenden Charakter haben und auch der Kategorie „Wissen durch Zuhören“ zugeordnet werden könnten. Außerdem konnte festgestellt werden, dass Aufmachung, Komplexität und Sprache der Reihen aus „Klappen- und Folienbüchern“ häufig kindgerecht gestaltet und somit besonders für jüngere Kinder geeignet sind. Das System dahinter ist einfach – Klappen und Folien wecken das Interesse von Kindern und lockern das Lernerlebnis auf. Deshalb sind Bücher dieser Kategorie besonders passend für die hier betrachtete Zielgruppe der 2- bis 6-Jährigen.

Klappen funktionieren durch ausgestanzte Türchen in der jeweiligen Buchseite. Sie sind nur noch seitlich oder oben und unten im Buch befestigt. Für das Verwenden von Klappen ist dicke Pappe notwendig, damit genügend Stabilität gegeben ist und die Klappen nicht einreißen können. Eine Einkerbung dient als Griffhilfe und markiert die Stelle, an der die Klappe angehoben werden kann. Neben den einfachen Türchen, welche man in eine Richtung wegklappt, gibt es auch doppelte Klappen, die in der Mitte jeweils nach rechts und links aufgeklappt werden können.[90] Manche Klappen sind

88 Siehe: Was passiert mit dem Papiermüll?: mit vielen Klappen

89 Siehe: Ich geh' aufs Töpfchen!: mit 10 tollen Klappen!

90 Siehe: Ebd., S. 1

nicht offensichtlich dargestellt, sondern in den Illustrationen der Bücher derart versteckt, dass die Kinder sie erst einmal suchen müssen. Der Sinn von Klappen ist, dem Leser eine Möglichkeit zu geben, die Dinge aus verschiedenen Perspektiven zu sehen. Kinder werden beim gemeinsamen Ansehen von Sachbüchern zur aktiven Teilhabe animiert. So erhalten sie, zum Beispiel bei Gegenständen, die von außen abgebildet sind, durch das Anheben eines Klappelements Einblicke in das Innenleben[91]. Dabei können z. B. auch Bewegungsabläufe verdeutlicht[92], oder die Lösungen von Rätselfragen entdeckt werden.[93] Es gibt auch Klappen, die nicht die Vermittlung von Sachwissen unterstützen, sondern einfach lustige Elemente bereithalten, um das Lernen aufzulockern.[94] Typische Klappenbücher erscheinen zum Beispiel in den Reihen „Was ist Was / Junior"[95] von Tessloff, „Wieso? Weshalb? Warum?"[96] von Ravensburger, oder „Frag doch mal...: erstes Sachwissen"[97] von cbj.

Folien kommen in der Sachbuchwelt für Kinder auf verschiedenste Weisen zum Einsatz. In der Reihe „Entdecke die Welt mit Polo Propeller"[98] von Oetinger sind Schiebefolien in die Bücher eingebaut. So wird beim Hin- und Herschieben der Folien ein Bewegungsablauf innerhalb einer Illustration gezeigt. In „Meyers kleine Kinderbibliothek"[99], einer Reihe die im Fischer Verlag erscheint, werden ganzseitige Folien eingesetzt, die beim Umblättern einen Perspektivwechsel während einer dargestellten Szene ermöglichen.

Eine besondere Variante dieser Reihe sind die kleinformatigen Bücher „Licht an!"[100] mit einem ganz speziellen Foliensystem. Einzelne, bedruckte Folien werden vor einen schwarzen Hintergrund gelegt, sodass man nur im weißen Lichtkegel der beigelegten Papiertaschenlampe etwas erkennen kann. Diese Folienseiten folgen auf kurze Erklärungs-Seiten. Sie sind wie Wimmelbilder gestaltet, auf denen kreuz und quer alles zu sehen ist, was mit dem Thema

---

91 Siehe: Lkw, Bagger, Traktoren: mit Rätseln, Spielen und Entdecker-Klappen, S. 19

92 Siehe: Ebd., S. 8

93 Siehe: Ebd. S. 15

94 Siehe: Ich geh‘ aufs Töpfchen!: mit 10 tollen Klappen!, S. 3

95 Siehe: Lkw, Bagger, Traktoren: mit Rätseln, Spielen und Entdecker-Klappen

96 Siehe: Weinhold, Angela: Religionen der Welt

97 Siehe: Pferde und Ponys: mit vielen Klappen und Fenstern

98 Siehe: Pferde: neu mit Entdeckerfolien!

99 Siehe: Der Fuchs

100 Siehe: Im Zirkus

zu tun hat. Das gleiche Prinzip wird in der Reihe „Die Entdeckerlampe"[101] vom Verlag Xenos angewandt. Eine Doppelseite der großformatigen Bücher steht unter einem bestimmten Thema. Gezeichnete Tiere oder Gegenstände werden gezeigt und kurz beschrieben. Ein großes Suchbild ist mit einer dunklen Folie abgedeckt. Nur unter Verwendung der Papiertaschenlampe kann dort etwas erkannt werden. Zu den beschriebenen Tieren gibt es Such- und Zählaufgaben, welche man mit der Taschenlampe lösen muss.

Eine weitere Art und Weise, Folien in Sachbüchern zu verwenden, sind mehrlagige Pop-Up-Seiten, so wie in der Reihe „Das große 3-D-Abenteuer"[102], ebenfalls aus dem Xenos Verlag. Schlägt man dort eine Buchseite auf, wölben sich automatisch Folien nach außen, die ein 3-D-Bild entstehen lassen.

Die Kategorie „Klappen- und Folienbücher" ist mit 13 enthaltenen Sachbuchreihen die größte aller sechs Kategorien. Einige Reihen sind sich untereinander sehr ähnlich. Leider gibt es im Bereich der Folienbücher auch einige billig und lieblos wirkende Exemplare.

Reihentitel	**Verlag**	**Gesamtpunktzahl**
1. Was ist Was / Junior	Tessloff	58
2. Schritt für Schritt erklärt	Carlsen	58
3. Wieso? Weshalb? Warum? / Junior	Ravensburger	52
4. Mein erstes buntes Bildwörterbuch	Carlsen	51
5. Kiddilight: Mein lustiges Drehscheibenbuch	Arena	50
6. Frag doch mal...: erstes Sachwissen	CBJ	48
7. Miniwelt / Klappenbuch	Tessloff	47
8. Wieso? Weshalb? Warum?	Ravensburger	46
9. Die Entdeckerlampe	Xenos	42
10. Entdecke die Welt mit Polo Propeller	Oetinger	41

[101] Siehe: Reptilien und Insekten

[102] Siehe: Tiere des Meeres: mit tollen 3-D-Folienbildern!

Reihentitel	Verlag	Gesamtpunktzahl
11. Meyers kleine Kinderbibliothek	Bibliogr. Inst.	41
12. Meyers kleine Kinderbibliothek: Licht an!	Bibliogr. Inst.	41
13. Das große 3-D-Abenteuer	Xenos	36

Tabelle 9: Bewertungsergebnisse aus der Kategorie „Klappen- und Folienbücher"

In der Kategorie „Klappen- und Folienbücher" waren mit je 58 Punkten die beiden Reihen, „Was ist Was / Junior"[103] von Tessloff und „Schritt für Schritt erklärt"[104] aus dem Carlsen Verlag führend, wobei „Schritt für Schritt erklärt" bereits in der Kategorie „Wissen durch Zuhören" genauer beschrieben wurde. Bei „Was ist Was / Junior" werden die unterschiedlichsten Themen in großen, recht umfangreichen Büchern detailliert erklärt. Klappenelemente zeigen komplexere Vorgänge und verdeutlichen Zusammenhänge. Ein Inhaltsverzeichnis schafft Überblick und führt zu den Seiten, die mit einer Überschrift eingeleitet werden. Es folgt ein Erklärungs-Text mit erzählendem Charakter. Sich auf den Bildern wiederholende Identifikationsfiguren begleiten durch die Bücher. In den Illustrationen gibt es geschriebene Erläuterungen und viel zu entdecken. Infokästen, Rätselboxen und Suchaufgaben regen zum interaktiven Mitmachen an und verstärken so die Lernerfahrung. Mit dieser Reihe erscheinen außerdem Hörspiele, Mitmachhefte und Ting-Bücher, sodass ein umfangreiches Lernerlebnis für Kinder ab 5 Jahren ermöglicht wird.

Den dritten Platz mit 52 Punkten konnte „Wieso? Weshalb? Warum? / Junior"[105] von Ravensburger erzielen. Die Reihe erscheint in handlichem Format, ist jedoch wegen der Ringbindung und den vielen Klappelementen bei täglichem Gebrauch in einer Öffentlichen Bibliothek nur bedingt stabil. Die Themenauswahl ist mit über 50 Titeln sehr umfangreich und hält für alle Interessen etwas bereit. Seiten oder Doppelseiten werden mit einer Überschrift in Frageform eingeleitet. In kurzen, einfachen Texten werden Sachverhalte erklärt. Zur Unterstützung dienen detaillierte, kindgerechte Zeichnungen und Klappenelemente. Zu einigen dieser Szenen gibt es zu-

[103] Siehe: Lkw, Bagger, Traktoren: mit Rätseln, Spielen und Entdecker-Klappen

[104] Siehe: Was passiert mit dem Papiermüll?: mit vielen Klappen

[105] Siehe: Rübel, Doris: Ängstlich, wütend, fröhlich sein

sätzliche Erklärungs-Sätze. Immer wieder werden Fragen gestellt, die Kinder bereits ab 3 Jahren zu eigenen Meinungen und Überlegungen animieren.

Alle ausgefüllten Bewertungsbögen aus der Kategorie „Klappen- und Folienbücher", inklusive der Beschreibung jeder einzelnen Reihe, sind in Anlage 7 zu finden.

3.6 Lernen mit allen Sinnen

Der Mensch hat fünf Sinne, mit denen er seine Umgebung wahrnehmen kann. „Die Sinneseindrücke bilden die Grundlage für alles Erkennen. Das Kind bildet sich an der Wirklichkeit – sie bringt die schöpferische Kraft hervor, lässt erfinden, entdecken und weckt immer wieder die Lust auf Neues. "[106] Im Normalfall wird beim Betrachten eines Buches hauptsächlich der Sehsinn beansprucht, denn beim Lesen von Buchstaben und Betrachten von Bildern gelangt die Information durch optische Reize über den Sehnerv in das Gehirn.[107] Durch Umblättern oder das Betätigen von Klappelementen wird zwar auch der Tastsinn beansprucht, allerdings übermittelt hier das Gefühlte kein Wissen oder Aufschluss zu im Buch gezeigten Sachverhalten. „Lernen mit allen Sinnen" meint, dass beim Benutzen der Bücher neben dem Sehsinn auch Tast- und Hör- und Geruchssinn aktiv beansprucht werden und dadurch eine Vermittlung von Sachwissen stattfindet. Aus hygienischen Gründen existieren keine Sachbuchreihen, die mit dem Geschmacksinn arbeiten.

Auf dem deutschen Buchmarkt gibt es eine Vielzahl von sogenannten Fühlbüchern, welche unter Einbeziehung des Tastsinns Wissen vermitteln. Für das hier durchgeführte Bewertungsverfahren waren davon die „Mein Natur Fühlbuch"[108]-Reihe von Ravensburger und „Mein Fühlbuch"[109] aus dem Miniwelt-Programm von Tessloff relevant. Zusätzlich zu erklärenden Texten und Bildern gibt es dort pro Doppelseite ein Fühlelement, welches zum Beispiel das Fell von Säugetieren, die Haut von Reptilien, oder die Haptik bestimmter Pflanzen imitieren soll. Ebenfalls mit dem Tastsinn arbeiten die

---

[106] Ellermann, Walter: Bildungsarbeit im Kindergarten erfolgreich planen, S. 24f

[107] Vgl. Der Sehnerv [Elektronische Ressource]

[108] Siehe: Tierkinder

[109] Siehe: Im Garten

Puzzlebücher aus der Miniwelt-Reihe[110] des Tessloff Verlages. Die ausgestanzten Gegenstände, welche in diesen Bildwörterbüchern dargestellt sind, lassen sich herausnehmen und wieder einsetzen. So wird ein besonderer Fokus auf die Form der Dinge gelegt und verdeutlicht.

Bücher zum Hören sind diejenigen, in denen ein Klangmechanismus direkt in das Buch selbst eingebaut ist. Wenn Geräusche und Musik von zusätzlichen Medien, wie Audio-CDs oder Hörstiften stammen, zählen die Bücher also nicht zur Kategorie „Lernen mit allen Sinnen", da diese Zusatzmedien im Rahmen der vorliegenden Arbeit nicht analysiert und getestet wurden. Beispielhaft kann die Reihe „Hör mal"[111] von Carlsen beschrieben werden. Auf einer Doppelseite wird in einem kurzen Textabschnitt ein Tier, ein Gegenstand oder eine Szenerie beschrieben und das dazugehörige Geräusch. Eine ganzseitige Illustration zeigt, was gemeint ist. Wenn der gekennzeichnete Touch-Punkt berührt wird, erklingt das passende Geräusch. Zum Schluss wird dazu aufgefordert, die neu gelernten Geräusche nachzumachen. Der Klangmechanismus ist in einer dicken Pappverkleidung am Ende der Bücher eingebaut und funktioniert über Batterien, welche in die Buchrückseite eingesetzt werden können. In der „Klang-Klappenbuch"[112]-Reihe von Dorling Kindersley ertönen die Geräusche durch das Betätigen von Klappen.

Ebenfalls im Carlsen Verlag erscheint die Reihe „Riech mal"[113]. Dies ist die einzig entdeckte Sachbuchreihe, welche Sachwissen unter Einsatz des Geruchssinns vermittelt. Auf einer Doppelseite wird in einem kurzen Textabschnitt eine Szenerie beschrieben und der Geruch eines dazu passenden Gegenstandes. Wenn man mit dem Finger über den gekennzeichneten Gegenstand reibt, kann man den dazugehörigen Geruch am Finger und im Buch riechen.

In einigen Fällen stützen sich Bücher mit Fühl- oder Klangelementen zu sehr auf dieses interessante Extra und die Gestaltung der eigentlichen Bücher wird vernachlässigt. Die Bücher sind nette Spielereien, aber konnten beim Thema Sachgehalt und Informationsvermittlung oft nicht überzeugen. Die folgende Tabelle zeigt die Gesamtpunktzahl aller Reihen aus „Lernen mit allen Sinnen" im Vergleich:

---

110 Siehe: Meine Sachen: mit 5 Puzzleteilen!

111 Siehe: Möller, Anne: In der Natur: mit 6 echten Naturgeräuschen

112 Siehe: Traktor

113 Siehe: Cüppers, Dorothea: Bei uns zu Hause: mit 6 echten Düften

Reihentitel	Verlag	Gesamt-punkt-zahl
1. Hör mal	Carlsen	46
2. Riech mal	Carlsen	45
3. Klang-Klappenbuch	DK	39
4. Mein Natur Fühlbuch	Ravensburger	37
5. Miniwelt / Kleines Puzzlebuch	Tessloff	36
6. Miniwelt / Mein Fühlbuch	Tessloff	35

Tabelle 10: Bewertungsergebnisse aus der Kategorie „Lernen mit allen Sinnen“

Am besten abschneiden konnten die beiden Reihen aus dem Carlsen Verlag. Die Sounds von „Hör mal“[114] sind authentisch und die robusten Bücher wirken im Vergleich zu anderen dieser Kategorie liebevoll gestaltet. Deshalb erhielt die Reihe 46 Punkte in der Gesamtwertung. Geeignet ist sie für Kinder ab 2 Jahren.

„Riech mal“[115] ist mit 45 Punkten die zweitplatzierte Reihe in der Kategorie „Mit allen Sinnen“ Die handlichen Pappbücher wirken sehr robust und die Gerüche sind relativ authentisch. Allerdings muss unbedingt beachtet werden, dass die Inhaltsstoffe der Duftlacke fragwürdig sein können und unter Umständen Allergien hervorrufen. Diese Reihe ist ebenfalls bereits für Kinder ab 2 Jahren gedacht.

Alle ausgefüllten Bewertungsbögen aus der Kategorie „Lernen mit allen Sinnen“, inklusive der Beschreibung jeder einzelnen Reihe, sind in Anlage 8 zu finden.

---

114 Siehe: Möller, Anne: In der Natur: mit 6 echten Naturgeräuschen

115 Siehe: Cüppers, Dorothea: Bei uns zu Hause: mit 6 echten Düften

4. Ideen zur Veranstaltungsarbeit mit Sachbuchreihen einer bestimmten Kategorie

„Vor allem nach der PISA-Studie 2000 und der dadurch ausgelösten Bildungsdebatte rückte die Bildungsrolle der Bibliothek wieder stärker in den Fokus. Bibliotheken können das lebenslange Lernen und den Erwerb notwendiger Schlüsselqualifikationen wie Lesekompetenz, Medien- und Informationskompetenz unterstützen."[116] Der Erwerb dieser Schlüsselqualifikationen kann durch die Beschäftigung mit Kindersachbüchern positiv beeinflusst werden. Eine Annäherung an diese durch die Veranstaltungsarbeit in Bibliotheken erscheint daher sinnvoll. „Der Lernprozess wird dabei nicht als Vermittlung von Wissen [...] gesehen, sondern er zeichnet sich durch Kooperation, Kommunikation, und Interaktion aus[...]."[117] Ein Fokus wird auf das sinnliche Wahrnehmungsvermögen der Kinder gelegt und Inhalte werden möglichst spielerisch vermittelt.[118] „Altersspezifische Bibliothekseinführungen, die handlungsorientiert aufgebaut sind und entdeckendes Lernen ermöglichen, sind ein wichtiger Bestandteil der alltäglichen Bibliotheksarbeit mit Kindern [...]."[119]

Wie Bücher einer bestimmten Sachbuchkategorie an Kinder vermitteln werden können, wird im Folgenden anhand einiger Ideen aufgezeigt. Es geht darum, Konzept und Methode der im dritten Kapitel beschriebenen Kategorien aufzugreifen und sie spielerisch in Veranstaltungen von Öffentlichen Bibliotheken einzubinden. Dabei handelt es sich um Anregungen und nicht um vollständig ausgereifte Konzepte.

In der betrachteten Zielgruppe der 2- bis 6-Jährigen kommt es am häufigsten vor, dass ein Besuch in der Bibliothek mit der gesamten Kindergartengruppe erfolgt. Die folgenden Konzeptideen richten sich daher stets an eine Gruppengröße von ca. 10 bis 15 Kindern. Natürlich können die Anregungen auch auf eine frei zugängliche Veranstaltung übertragen werden. Dazu müssen Materialien und Personalbedarf an die Teilnehmerzahl angepasst werden.

---

116 Keller-Loibl, Kerstin: „Wir brauchen mehr pädagogische Inhalte" [Elektronische Ressource]

117 Bibliothekspädagogische Klassenführungen: Ideen und Konzepte für die Praxis, S. 7

118 Vgl. ebd.

119 Keller-Loibl, Kerstin: Handbuch Kinder- und Jugendbibliotheksarbeit, S. 53

4.1 Erster Wortschatz

Die Idee, durch das Zeigen einzelner Gegenstände den Wortschatz von Kleinkindern zu erweitern, kann auch in der Veranstaltungsarbeit angewandt werden. Denkbar wäre zum Beispiel ein Spiel, bei dem zu einem bestimmten, übergeordneten Thema (oder auch themenübergreifend) Gegenstände eingesammelt und benannt werden müssen. Zur Vorbereitung verteilt der Bibliothekar im Kinderbereich der Bibliothek verschiedenste Objekte, die zu diesem Thema passen. Angenommen eine Kindergartengruppe behandelt gerade das Thema Wald, dann wären passende Gegenstände beispielsweise Tannenzapfen, Blätter, Nadelbaumzweige, Rinde, Schneckenhäuser, usw. In der Mitte des Raums wird eine Kiste platziert. Nachdem die Kinder begrüßt wurden, werden sie aufgefordert sich einmal genau im Kinderbereich umzusehen und alles einzusammeln, was sie zum Thema Wald finden. Der Bibliothekar kann dabei helfen und aufpassen, dass am Ende auch jeder einen Gegenstand in der Hand hält. Anschließend sollen die Kinder ihre Fundstücke nacheinander in die Kiste legen und benennen. Eine weitere Variante wäre, die Objekte kurz beschreiben zu lassen. „Das ist ein Tannenzapfen, er ist braun.“, „Das sind Baumnadeln, sie sind spitz.“, oder „“Das ist ein Schneckenhaus, es ist klein“. Zwischendurch kann der Bibliothekar immer wieder Kommentare abgeben und in die Runde fragen, ob jeder das Genannte schon kennt. Buchreihen aus der Kategorie „Erster Wortschatz“ können für den Bibliothekar eine Anregung zur Themenaufbereitung darstellen und dem Kindergärtner nach der Veranstaltung mitgegeben werden. Die Kinder können so auch in kleinem Rahmen Gegenstände benennen und beschreiben.

Besonders geeignete Sachbuchreihen in dieser Kategorie sind:

- Mein erstes buntes Bildwörterbuch (DK)
- Erstes Lernen (Carlsen)
- Lernraupe / Mein kleines Bilderlexikon (Ars Edition

4.2 Wissen durch Zuhören

Sachbücher zum Vorlesen können besonders gut durch die Methode des Bilderbuchkinos vermittelt werden. Dabei werden – nach der Genehmigung durch den Verlag – die Buchseiten eingescannt und zum Beispiel über einen Beamer vergrößert dargestellt. Der Bibliothekar liest die Geschichte vor und die dazugehörige Illustration wird für jedes Kind gut sichtbar gezeigt. Wenn wie bei „Schritt für Schritt erklärt"[120] Klappen zum Textverständnis beitragen, kann der jeweilige Ausschnitt vergrößert eingescannt werden und einmal mit geschlossener und danach mit geöffneter Klappe gezeigt werden. In solchen Situationen können die Kinder gut miteinbezogen werden, damit sie nicht nur als passive Zuhörer fungieren. Generell sollte immer über mehr gesprochen werden, als eine Illustration tatsächlich zeigt. Gut sind Fragen wie „Was könnte danach geschehen?", „Was wäre passiert, wenn das anders gelaufen wäre?", „Welche Folgen hat das?".[121] „Die Fragen und Impulse sollen bewusst zum Sprechen anregen. Wer spricht, aktiviert seinen Wortschatz, hört sich reden, findet am eigenen Sprachklang gefallen, will vielleicht das eine oder andere Wort, die eine oder andere (Rede)-Wendung wiederholen, erinnert sich durch das von den Bildern ‚Abgelesene' [...] an eigene, ähnliche oder auch völlig abweichende Situationen und bezieht so das im Bilderbuch Angeschaute auf die eigene Erlebniswelt."[122] Mit zunehmendem Alter können Kinder nicht nur zu Gegenständen in einer Bilderbuchszene einen Bezug herstellen, sondern das Sprechen über Emotionen, Wünsche und Ängste wird für sie interessanter. 4- bis 5-Jährige sind durchaus in der Lage kurze Geschichten in ihren eigenen Worten nachzuerzählen oder neue Teile dazu zu erfinden. Daher ist es möglich ganze Textpassagen beim Vorlesen auszulassen und die Geschichte nur anhand der Bilder von den Kindern selbst konstruieren zu lassen.[123]

Besonders geeignete Sachbuchreihen in dieser Kategorie sind:

- Was ist Was / mini (Tessloff)
- Schritt für Schritt erklärt (Carlsen)
- Komm mit... (Thienemann)

4.3 Was Kinder fragen

Da Kinder im Kindergartenalter nicht selbst lesen können, sollte darauf geachtet werden, den Buchbestand in Öffentlichen Bibliotheken für diese

[120] Siehe: Was passiert mit dem Papiermüll?: mit vielen Klappen

[121] Vgl. Gärtner, Hans: Spaß an Büchern!, S. 15

[122] Ebd., S. 14

[123] Vgl. ebd., S. 17–27

Zielgruppe ausreichend symbolisch zu beschildern und Bücher mit aussagekräftigen, schön bebilderten Buchumschlägen frontal zu präsentieren. Im Sachbuchbereich bietet es sich außerdem an, kleine Themengruppen, Interessenskreise oder Ähnliches zu bilden. So können die Kinder selbstständig jene Bücher auswählen, welche sie interessieren und erfahren eine erste Lektion in Sachen Mediennutzungskompetenz. Wenn eine Kindergartengruppe das erste Mal in der Bibliothek ist, wird häufig eine kleine Führung durch den Kinderbereich gemacht. Um die Aufstellung des Sachbuchbestands für die Kinder deutlicher zu erklären, könnte man zum Beispiel eine kleine Rallye starten, in der die Kinder Fragen gestellt bekommen, um dann ein Buch zu finden, in dem es eine Antwort darauf gibt. Orientieren kann man sich dabei an den einleitenden Überschriften aus Büchern der Kategorie „Was Kinder fragen", aus denen Fragestellungen wie „Wie lebten die alten Ägypter?", „Was fressen Kaninchen am liebsten?" oder „Welche Fahrzeuge findet man auf der Baustelle?" hervorgehen. So müssen die Kinder überlegen, unter welchem Oberbegriff sich das Thema der Frage befinden könnte und dieses in der Bibliothek ausfindig machen. Anhand von Buchumschlägen und Bildern ist es möglich, die passenden Sachbücher über Ägypter, Kaninchen, Baustellen, etc. herauszusuchen.

Besonders geeignete Sachbuchreihen in dieser Kategorie sind:

- Was ist Was / mini (Tessloff)
- Entdecken, Erfahren, Erzählen (Tandem)
- Was ist das? Sehen und lernen! (Tandem)

4.4 Forschen und Entdecken

Um Kindern diese Art von Sachbüchern auf interessante und spielerische Weise zu vermitteln, bietet eine Exkursion in der Natur vielerlei Potenzial. Da dafür oftmals die Zeit innerhalb einer Veranstaltung nicht ausreicht, können aber auch kleine Experimente und Forschungen in der Bibliothek durchgeführt werden. Eine Idee ist zum Beispiel, Blätter von unterschiedlichen Bäumen bestimmen zu lassen. Zur Vorbereitung werden auf einem Tisch verschiedenste Blätter ausgelegt. Der Bibliothekar erklärt den Kindern einen Baum, dazu können einzelne Textpassagen aus einem der „Forschen und Entdecken" Bücher vorgelesen und die dazugehörigen Bilder gezeigt werden. Anschließend sollen die Kinder herausfinden, welches das passende Blatt zu dem eben besprochenen Baum ist. Auch Veranstaltungen zum Thema Tierspuren können ähnlich umgesetzt werden. Die in den Büchern abgebildeten Fußspuren können kopiert und in der Bibliothek ausgelegt werden. Neben dem Erraten des Tieres könnten Tierlaute und Bewegungen nachgeahmt werden. Das hält die Kinder in Bewegung und bringt Abwechslung in das bloße Zuhören.

Besonders geeignete Sachbuchreihen in dieser Kategorie sind:

- NaturDetektive (Compact)
- Nature zoom: Spezialwissen (Coppenrath)

4.5 Klappen- und Folienbücher

Das Aufdecken von Klappen weckt Neugier bei Kindern, da sie erfahren möchten, was sich dahinter verbirgt. Dieses Prinzip lässt sich nicht nur innerhalb von „Klappen- und Folienbüchern" anwenden, sondern auch auf Spielideen übertragen. Denkbar wäre zum Beispiel ein Memory Spiel, was zu vielerlei Sachbuchthemen umsetzbar ist. Dafür können Motive aus Sachbüchern auf Karten kopiert und diese für mehr Stabilität foliiert werden. „Alle Karten werden mit der Bildseite nach unten auf den Tisch gelegt und gut gemischt. [...] Wer an der Reihe ist, darf nacheinander immer zwei Karten aufdecken. Sind es zwei gleiche Bilder, darf sich der Spieler diese beiden Karten nehmen und nochmals zwei Karten aufdecken. Das geht so lange, bis er zwei verschiedene aufdeckt. Diese beiden Karten werden wieder umgedreht. Dann ist der nächste Spieler an der Reihe. [...] Wer am Schluss die meisten Kartenpaare besitzt, ist Gewinner der Spielrunde."[124] Immer wenn ein passendes Paar aufgedeckt wurde, sollte kurz über das Kartenmotiv gesprochen werden. Die Kinder beschreiben, was darauf zu sehen ist und der Bibliothekar liefert eine ergänzende Erklärung.

Besonders geeignete Sachbuchreihen in dieser Kategorie sind:

- Was ist Was / Junior (Tessloff)
- Schritt für Schritt erklärt (Carlsen)
- Wieso? Weshalb? Warum? / Junior (Ravensburger)

[124] Memory [Elektronische Ressource], S. 1f

4.6 Lernen mit allen Sinnen

„Lernen mit allen Sinnen", das lässt sich auch in der bibliothekarischen Veranstaltungsarbeit umsetzen. Beispielsweise könnte man zu einem Thema fünf Stationen aufbauen, in denen die Kinder an der jeweiligen Station sehen, tasten, hören, riechen oder schmecken, und so verschiedene Dinge erraten müssen. Erneut kann hier das Thema „Wald" als Beispiel dienen. Nach der Begrüßung teilt der Bibliothekar die Kinder in 5 Gruppen ein. Jede beginnt an einer anderen Station. An der ersten könnte man die Kinder durch ein Loch in einen Karton sehen lassen, durch das beispielsweise ein Stück Rinde, Nadelzweige oder ein paar Blätter zu sehen sind. Nachdem alle Kinder durch das Loch geblickt haben, lässt man sie beraten, was sich dahinter verbirgt. An der zweiten Station sollen die Kinder blind in eine Box greifen und Tannenzapfen, ein Stück Moos oder Ähnliches ertasten und wieder gemeinsam herausfinden, was das Erfühlte darstellen könnte. Über Kopfhörer kann man an der nächsten Station akustische Hörbeispiele von Vogellauten, Windböen, etc. einspielen lassen, welche die Kinder erraten sollen. An Station Nummer 4 hält der Bibliothekar oder ein Erzieher Geruchsdöschen unter die Nasen der Kinder, die zum Beispiel mit Moos, Herbstlaub oder Waldhonig gefüllt sind. Anhand der Gerüche sollen die Kinder herausfinden, was sich in den Döschen befindet. An der letzten Station bekommen die Kinder die Augen verbunden und sie werden mit Erdbeeren, Brombeeren, Pilzen oder ähnlichen essbaren Pflanzen gefüttert, die im Wald zu finden sind und müssen schmecken, um was es sich dabei handelt. Zum Schluss werden die Ergebnisse gemeinsam im Stuhlkreis zusammengetragen, alle zu erratenden Gegenstände offen gezeigt und so auf das Hauptthema „Wald" hingeführt. Im Anschluss kann noch eine passende Geschichte vorgelesen, oder der Sachbuchbestand unter besonderer Hervorhebung der Bücher aus „Lernen mit allen Sinnen" gezeigt werden. Diese Ideen lassen sich auf viele Themengebiete anwenden und die Kinder werden mit Spaß und Neugier an die Sache herangehen.

Besonders geeignete Sachbuchreihen in dieser Kategorie sind:

- Hör mal (Carlsen)
- Riech mal (Carlsen)
- Klang-Klappenbuch (DK)

Die besten Sachbuchreihen aus allen Kategorien befinden sich in der Empfehlungsliste in Anlage 9.

5. Fazit

Ziel dieser Untersuchung war es, einen Überblick über die aktuellen Sachbuchreihen für 2- bis 6-Jährige zu geben und damit eine Hilfestellung für den Bestandsaufbau in Öffentlichen Bibliotheken zu leisten. Mit der Bucherwerbung einhergehend, ist die Vermittlung dieser Bücher eine wichtige Aufgabe in der Bibliothekspraxis. Deshalb erfolgte neben der Erarbeitung einer Empfehlungsliste mit den besten Sachbuchreihen für 2- bis 6-Jährige auch eine Ideensammlung zur didaktischen Umsetzung dieser Buchreihen in der Veranstaltungsarbeit mit Kindergartenkindern.

Bei der Sichtung des Buchmarktes stellte sich heraus, dass zahlreiche Sachbuchreihen aus verschiedenen Verlagen für die genannte Alterszielgruppe existieren. Für die vorliegende Arbeit wurden – unter Berücksichtigung verschiedener Rahmenbedingungen wie z. B. der Altersempfehlung der Verlage oder der Lieferbarkeit der Titel – 44 Reihen ausgewählt.

Mit Hilfe eines speziell dafür entwickelten Bewertungsschemas, wurden diese 44 Sachbuchreihen anhand ihrer formalen, inhaltlichen und ästhetisch-gestalterischen Kriterien beurteilt. Knapp die Hälfte davon konnte ein Bewertungsergebnis von mehr als 43 Punkten erzielen. Bei 72 zu erzielenden Punkten sind das 60 Prozent oder mehr der möglichen Gesamtpunktzahl – ein Großteil aller Reihen erzielte also ein gutes Ergebnis.

Allerdings konnte während der genauen Betrachtung und Bewertung festgestellt werden, dass sich einige Sachbuchreihen sehr ähnlich sind und auf annähernd gleiche Weise ihre Inhalte vermitteln. Deshalb wurden nicht alle Bewertungsergebnisse untereinander verglichen, sondern es erfolgte eine Einteilung in eigens zu diesem Zweck erarbeiteten Sachbuchkategorien.

Im weiteren Verlauf der Arbeit wurde daher weniger auf die einzelnen Reihen im Speziellen eingegangen. Um die Gemeinsamkeiten der Bücher innerhalb einer Sachbuchkategorie zu verdeutlichen, wurden diese stattdessen ausführlich beschrieben. Diese Beschreibung passt somit auch auf die einzelnen Buchreihen. Besonderheiten wurden anhand einzelner, konkreter Beispiele herausgearbeitet. Auch die Empfehlungsliste wurde in diese Kategorien aufgeteilt. Das bedeutet, dass darin nicht zwingend die Reihen zu finden sind, welche insgesamt die höchste Gesamtpunktzahl erzielen konnten, sondern jeweils die zwei besten Reihen einer Sachbuchkategorie.

In den Bewertungsergebnissen ist auffällig, dass einige Reihen in einem bestimmten Bereich gut abschneiden, andere Kriterien allerdings nicht oder nur teilweise erfüllt werden konnten. Beispielsweise eignen sich Bücher, die ein altersgemäßes Bild-Text-Verhältnis aufweisen, manchmal weniger gut zum Vorlesen, da darin keine zusammenhängenden Geschichten mit spannendem Handlungsstrang erzählt werden. Nur in den besten Sachbuchreihen kann eine Balance zwischen allen Bewertungskriterien gehalten werden.

Weiterhin wurde ermittelt, ob sich die Reihen für Veranstaltungen in Öffentlichen Bibliotheken eignen. Dabei wurde deutlich, dass sich die verschiedenen Methoden der Wissensvermittlung, derer sich Sachbücher bedienen, auch gut auf Veranstaltungskonzepte übertragen lassen. So hat jede Sachbuchkategorie ihre ganz eigenen Vorteile für die Veranstaltungsarbeit. Beispielsweise eignen sich Bücher der Kategorie „Wissen durch Zuhören" besonders gut zum Vorlesen für Kindergruppen, wohingegen Bücher aus der Kategorie „Forschen und Entdecken" Kinder zum selbst ausprobieren anregen.

Die Ideen für Veranstaltungskonzepte beziehen sich ebenfalls nicht auf einzelne Buchreihen, sondern sollen eher allgemeine Denkanstöße für Sachbücher einer Kategorie darstellen, welche sich auf die einzelnen Buchtitel übertragen lassen.

Die Empfehlungsliste soll Bibliothekaren als Stütze beim Bestandsaufbau in Öffentlichen Bibliotheken dienen. Beispielsweise kann beim Bucheinkauf zu einem speziellen Thema, welches in mehreren Reihen gleichzeitig erscheint, auf die Empfehlungsliste zurückgegriffen werden. Auch wenn ein ganzer Titelsatz zu verschiedenen Themen gekauft werden soll, hilft die Empfehlungsliste bei der Wahl der passenden Sachbuchreihe. Um den Lesern Einblicke in ein Thema aus verschiedenen Blickwinkeln zu ermöglichen, wäre es optimal, mehrere Sachbuchreihen gleichzeitig im Bibliotheksbestand bereitzustellen.

6. Literaturverzeichnis

6.1 Primärliteratur

Ägypten: mit vielen Extras: Aufdeckfolie, Aufklappseiten, Sammelposter / Ulrike Hauswaldt. Mit Ill. von Hauke Kock. – 1. Aufl. – München: cbj, 2011. – 55 S. : zahlr. Ill., Kt.
(Frag doch mal...)
ISBN 978-3-570-13164-0

Alles über Tiere / [Ill. von Anne Ebert und Irmtraud Guhe. Red.: Sandra Grimm]. – 2. Aufl. – Bindlach: Loewe, 2006. – [15] Bl.: überw. Ill.
(Mein allererstes Bildwörterbuch)
ISBN 978-3-7855-5110-3

Altes Ägypten / Imke Rudel. Ill. von Emmanuelle Etienne. Mit vielen lustigen Zeichn. von Kerstin M. Schuld. -1. Aufl. – Bindlach: Loewe, 2007. – 44 S. : zahlr. Ill.
(Frag mich was)
ISBN 978-3-7855-4642-0

Auf dem Bauernhof / [Rachael Parfitt; Nicola Price. Ill.: Angela Muss]. – 1. Aufl. – München: Dorling Kindersley, 2013. – [6] Bl.: überw. Ill.
(Such mit!)
ISBN 978-3-8310-2427-8

Auf dem Bauernhof durch das Jahr: mit großem Kalender-Poster / Sandra Ladwig. Mit Bildern von Anna Ebert. – Hamburg: Carlsen, 2014. – [12] Bl.: überw. Ill.
(Lesemaus; 90)
ISBN 978-3-551-08990-8

Beim Kinderarzt: mit spannenden Klappen / [Text: Amelie Benn. Ill.: Sigrid Leberer]. – Hamburg: Carlsen, 2010. – [6] Bl.: überw. Ill.
(Mein erstes buntes Bildwörterbuch)
ISBN 978-3-551-16757-6

Berlin / [Ill.: Heike Seelig und Team. Text: Anne Schröder]. – Berlin: Del Medio Verl., 2011. – [11] Bl.: überw. Ill.

(Lilly und Anton entdecken; 1)
ISBN 978-3-942753-00-5

Burnie, David:
Blumen / David Burnie. – München: Dorling Kindersley, 2009. – 61 S. : zahlr. Ill.
(Naturführer für Kinder)
ISBN 978-3-8310-1395-1

Der Clownfisch / Text von Gireq Allain. Fotos von Marie-Paule und Christian Piednoir. – Esslingen: Esslinger, 2011. – 29 S. : überw. Ill.
(Meine große Tierbibliothek)
ISBN 978-3-480-22774-7

Cüppers, Dorothea:
Bei uns zu Hause: mit 6 echten Düften / [Ill. und Text: Dorothea Cüppers]. – 1. Aufl. – Hamburg: Carlsen, 2014. – [7] Bl. – überw. Ill.
(Riech mal)
ISBN 978-3-551-25072-8

Deneux, Xavier:
Die Gegensätze / Xavier Deneux. – Münster: Coppenrath, 2013. – [11] Bl.: überw. Ill.
(Sehen – Tasten – Begreifen)
ISBN 978-3-649-61460-9

Döring, Hans-Günther:
Mein lustiges Drehscheibenbuch: alle Tiere sind schon da! Ein Zählbuch; [mit fünf Drehscheiben] / Hans-Günther Döring. – 1. Aufl. – Würzburg: Arena, 2014. – [5] Bl. – überw. Ill.
(Kiddilight)
ISBN 978-3-401-70307-7

Eins, zwei oder drei? Das weißt du schon! / [Ill.: Marlis Scharff-Kniemeyer. Text: Nadja Runschke]. – 1. Aufl. – Würzburg: Arena, 2011. – [6] Bl.: überw. Ill.
(Kiddilight)
ISBN 978-3-401-09618-6

Eisenbahn: mit Wissen macht Ah! Extraseiten / Nicole Künzel. Mit Bildern von Sebastian Coenen. – 1. überarb. Aufl. – Hamburg: Carlsen, 2014. – 28 S. : zahlr. Ill.
(Pixi Wissen; 28)
ISBN 978-3-551-24138-2

Die Formen. – Mannheim: Bibliogr. Inst. & Brockhaus, 2009. – [16] Bl.: überw. Ill.
(Duden / Kennst du das?)
ISBN 978-3-411-70952-6

Der Fuchs / [Ill.: Sylvaine Peyrols. Text: Uta Rüenauver. Red.: Andrea Essers]. – Mannheim: Bibliogr. Inst., 2011. – [12] Bl.: überw. Ill.
(Meyers kleine Kinderbibliothek; 93)
ISBN 978-3-411-07080-0

Ich geh' aufs Töpfchen!: mit 10 tollen Klappen! / [Ill.: Irene Mohr. Konzept & Text: Elisabeth Kiefmann]. – Nürnberg: Tessloff, 2013. – [6] Bl.: überw. Ill.
(Miniwelt / Klappenbuch)
ISBN 978-3-7886-3674-6

Im Garten / [Ill.: Oli Poppins]. – Nürnberg: Tessloff, 2014. – [7] Bl.: überw. Ill.
(Miniwelt / Mein Fühlbuch)
ISBN 978-3-7886-3739-2

Im Zirkus / [Idee: Claude Delafosse. Ill.: Sabine Krawczyk. Übers. : Salah Naoura]. – Mannheim: Bibliogr. Inst., 2007. – [12] Bl.: überw. Ill.
(Meyers kleine Kinderbibliothek / Licht an!; 10)
ISBN 978-3-411-09342-7

Komm mit, wir entdecken den Sommer: Bilder und Begriffe / Bianka Minte-König; Hans-Günther-Döring. – Stuttgart [u.a.]: Thienemann, 2014. – [14] Bl.: zahlr. Ill.
ISBN 978-3-522-43769-1

Komm, wir gehen an den Strand! / [Ill.: Angela Glökler. Konzept und Text: Birgit Bondarenko]. – Nürnberg: Tessloff, 2012. – [8] Bl.: überw. Ill.
(Was ist Was / mini; 13)
ISBN 978-3-7886-1911-4

Kuhn, Birgit:
Bäume + Sträucher / Birgit Kuhn. – 6. Aufl. – München: Compact Verl., 2014. – 80 S. : zahlr. Ill.
(NaturDetektive)
ISBN 978-3-8174-7930-6

Lkw, Bagger, Traktoren: mit Rätseln, Spielen und Entdecker-Klappen / [Ill.: Christian und Fabian Jeremies. Konzept und Text: Stefanie Steinhorst]. – Nürnberg: Tessloff, 2012. – 21 S. : überw. Ill.

(Was ist Was / Junior; 24)
ISBN 978-3-7886-1957-2

Meine Sachen: mit 5 Puzzleteilen! / [Ill.: Irmtraut Teltau]. – Nürnberg: Tessloff, 2014. – [6] Bl.: überw. Ill.
(Miniwelt / Kleines Puzzlebuch)
ISBN 978-3-7886-3719-4

Mein kleines Bilderlexikon: bei den Tieren; [mit Drehscheibe] / [Ill.: Barbara Jelenkovich]. – München: Ars Ed., 2014. – [6] Bl.: überw. Ill.
(Lernraupe)
ISBN 978-3-8458-0303-6

Mein Leben als Pinguin / Steven Parker. [Ill. von Peter David Scott]. – 1. Aufl. – Bindlach: Loewe, 2013. – 32 S. : zahlr. Ill, graph. Darst.
ISBN 978-3-7855-7858-2

Möller, Anne:
In der Natur: mit 6 echten Naturgeräuschen / [Text und Ill.: Anne Möller]. – 5. Aufl. – Hamburg: Carlsen, 2013. – [7] Bl.: überw. Ill.
(Hör mal)
ISBN 978-3-551-25004-9

Müller, Thomas:
Ein Jahr mit den Eulen / Thomas Müller. – Hildesheim: Gerstenberg, 2014. – [17] Bl.: überw. Ill.
ISBN 978-3-8369-5783-0

Natur / [Text: Emelie Beaumont; Marie-Renée Guilloret. Ill.: Bernard Alunni, Marie-Christine Lemayeur]. – Königswinter: Tandem, 2009. – 124 S. : überw. Ill.
(Entdecken, Erfahren, Erzählen)
keine ISBN vorhanden

Obst / Text von Svenja Ernsten. – Esslingen: Esslinger, 2013. – 29 S. : überw. Ill.
(Meine große Naturbibliothek)
ISBN 978-3-480-23105-8

Pferde: neu mit Entdeckerfolien! / [Text: Alexandra Rodeck. Ill.: Anne Bernardi; Jonas Schenk]. – Hamburg: Oetinger, 2013. – [12] Bl.: überw. Ill.
(Entdecke die Welt mit Polo Propeller; 13)
ISBN 978-3-7891-8529-8

Pferde und Ponys: mit vielen Klappen und Fenstern; [besondere Extras: bunte Sticker und Suchspiel] / [Ill.: Tina Frankenstein-Börlin]. – 1. Aufl. – München: cbj, 2013. – [9] Bl.: überw. Ill.
(Frag doch mal...: erstes Sachwissen)
ISBN 978-3-570-15566-0

Ponys / Text: Hélène Grimault; Émelie Desmoinaux. Ill.: Christophe Hublet. – Potsdam: Tandem. – [8] Bl.: überw. Ill.
(Was ist das? Sehen und lernen!)
ISBN 978-3-8331-9809-0

Reptilien und Insekten. – Hamburg: Xenos, 2012. – [6] Bl.: überw. Ill.
(Die Entdeckerlampe)
keine ISBN vorhanden

Rübel, Doris:
Ängstlich, wütend, fröhlich sein / [Ill. und Text: Doris Rübel]. – Ravensburg: Ravensburger Buchverl., 2010. – [9] Bl.: überw. Ill.
(Wieso? Weshalb? Warum? / Junior; 32)
ISBN 978-3-473-32834-5

Spezialwissen Tierspuren / Bärbel Oftring. Mit Bildern von Jürgen Rieckhoff. – Münster: Coppenrath, 2014. – 24 S. : zahlr. Ill.
(Nature zoom)
ISBN 978-3-649-61581-1

Tiere des Meeres: mit tollen 3-D-Folienbildern! / [Autor: Paul Beck. Ill.: Joshua Beach]. – Hamburg: Xenos, 2013. – 16 S. : zahlr. Ill.
(Das große 3-D-Abenteuer)
ISBN 978-3-8455-0138-3

Tierkinder / Maurice Pledger. [Dt. Text: Angelika Lenz]. – Ravensburg: Ravensburger Buchverl., 2014. – [8] Bl.: überw. Ill.
(Mein Natur Fühlbuch)
ISBN 978-3-473-55367-9

Traktor / [Ill.: Victoria Harvey. Fotos Traktoren: Gary Ombler. Text: Franziska Jaekel]. – 1. Aufl. – München: Dorling Kindersley, 2014. – [6] Bl.: überw. Ill.
(Klang-Klappenbuch)
ISBN 978-3-8310-2568-8

Was passiert mit dem Papiermüll?: mit vielen Klappen / [Ill.: Stephan Baumann; Text: Andrea Erne]. – Hamburg: Carlsen, 2011. – [7] Bl.: überw. Ill.
(Schritt für Schritt erklärt)
ISBN 978-3-551-25006-3

Weinhold, Angela:
Religionen der Welt / [Ill. und Text: Angela Weinhold]. – Ravensburg: Ravensburger Buchverl., 2014. – [10] Bl.: überw. Ill.
(Wieso? Weshalb? Warum?; 23)
ISBN 978-3-473-32895-6

Weltraum: Sterne und Planeten / [Text Simon Holland; Caroline Stamps]. – München: Dorling Kindersley, 2014. – 56 S. : zahlr. Ill., graph. Darst.
(Memo Wissen entdecken / Kids)
ISBN 978-3-8310-2598-5

Wie lebt die kleine Honigbiene? [Medienkombination]: eine Geschichte mit vielen Sachinformationen; [ein Natur-Erlebnis mit Audio-CD] / Friderun Reichenstetter. Mit Bildern von Hans-Günter Döring. – 6. Aufl. – Würzburg: Arena, 2014. – 31 S. : zahlr. Ill. + 1CD
ISBN 978-3-401-09458-8

Zu Hause. – 1. Aufl. – München: Dorling Kindersley, 2013. – [14] Bl.: überw. Ill.
(Erstes Lernen)
ISBN 978-3-8310-2296-0

6.2 Sekundärliteratur

Anzahl der Neuerscheinungen von Kinder- und Jugendbüchern in Deutschland in den Jahren 2003 bis 2013 [Elektronische Ressource]. – Statista, 2014. – Online-Ressource
Adresse: http://de.statista.com/statistik/daten/studie/324347/umfrage/neuerscheinungen-von-kinder-und-jugendbuechern-in-deutschland/
Gesehen: 26.11.2014

Anzahl der Neuerscheinungen von Kinder- und Jugendbüchern in Deutschland in den Jahren 2003 bis 2014 [Elektronische Ressource]. – Statista, 2015. – Online-Ressource
Adresse: http://de.statista.com/statistik/daten/studie/324347/umfrage/neuerscheinungen-von-kinder-und-jugendbuechern-in-deutschland/
Gesehen: 24.09.2015

Bibliotheken '93 [Elektronische Ressource]: Strukturen, Aufgaben, Positionen / Bundesvereinigung Deutscher Bibliotheksverbände. – Berlin [u.a.]: Dt. Bibliotheksinst., 1994. – Online-Ressource
Adresse: http://www.bibliotheksportal.de/fileadmin/user_upload/content/bibliotheken/strategie/dateien/bibliotheken93.pdf
Gesehen: 18.11.2014

Bibliothekspädagogische Klassenführungen: Ideen und Konzepte für die Praxis / Kerstin Keller-Loibl (Hrsg.). – 2. aktualisierte und erw. Aufl. – Bad Honnef: Bock + Herrchen, 2012. – 196 S. : Ill.
ISBN 978-3-88347-291-1

Bode, Andreas:
Die Expansion des Wissens: Otto Spamer und seine Sachbuchserien / Andreas Bode. // In: Wissen ist Mächtig / Anne Kuhlmann. – Oldenburg, 1990.
ISBN 3-8142-0350-X
S. 23–34

Ellermann, Walter:
Bildungsarbeit im Kindergarten erfolgreich planen / Walter Ellermann. – 1. Aufl. – Weinhem [u.a.]: Belz, 2004. -136 S. : Ill., graph. Darst.
(Sozialpädagogische Praxis ; 5)
ISBN 3-407-55888-0

Ewers, Hans-Heino:
Literatur für Kinder und Jugendliche: eine Einführung in Grundbegriffe der Kinder- und Jugendliteraturforschung / Hans-Heino Ewers. – 2. überarb. und aktualisierte Aufl. – Paderborn: Fink, 2012. – 267 S. : Ill.
ISBN 978-3-8252-3705-9

Friedrich, Hedi:
Auf Kinder hören – mit Kindern reden: Gespräche und Spiele im Kindergarten / Hedi Friedrich. – 6. Aufl. – Freiburg [u.a.]: Herder, 1996. – 144 S. : graph. Darst.
ISBN 3-451-19329-9

Fürst, Iris:
Kinder- und Jugendliteratur: Theorie und Praxis / Iris Fürst ; Helbig, Elke ; Schmitt, Vera. – 2 Aufl., 1. korrigierter Nachdr. – Troisdorf: Bildungsverl. EINS, 2009. – 258 S. : Ill., graph. Darst. + 1CD
ISBN 978-3-8242-1104-3

Gärtner, Hans:
Spaß an Büchern!: wie Kinder Leselust bekommen / Hans Gärtner. – 1. Aufl. – München: Don Bosco, 1997. – 192 S. : Ill., graph. Darst., Notenbeisp.
ISBN 3-7698-0893-2

Giehrl, Hans E.:
Kindersachbuch / Hans E. Giehrl. // In: Kinderliteratur in der Bundesrepublik Deutschland / Hrsg.: Arbeitskreis für Jugendliteratur e.V. – 1. Aufl. – München, 1983. – (Informationen des Arbeitskreises für Jugendliteratur ; Sonderheft)
S. 31–34

Keller-Loibl, Kerstin:
Handbuch Kinder- und Jugendbibliotheksarbeit / Kerstin Keller-Loibl. Im Auftr. der Expertengruppe Kinder- und Jugendbibliotheken des Deutschen Bibliotheksverbandes e.V. hrsg. – Bad Honnef: Bock + Herrchen, 2009. – 326 S. : Ill., graph. Darst.
ISBN 978-3-88347-268-3

Keller-Loibl, Kerstin:
„Wir brauchen mehr pädagogische Inhalte“ [Elektronische Ressource]: Kerstin Keller-Loibl im Gespräch. – Stand: November 2011. – Goethe-Institut e. V., 2011. – Online Ressource
Adresse: http://www.goethe.de/ins/bg/de/sof/kul/mag/bsz/bpb/8333305.html
Gesehen: 16.11.2014

Kuhlmann, Anne:
Prodesse et delectare: von den Bemühungen, Kinder in die Welt des Wissens einzuführen / Anne Kuhlmann. // In: Wissen ist Mächtig / Anne Kuhlmann. – Oldenburg, 1990.
ISBN 3-8142-0350-X
S. 11–22

Marquardt, Manfred:
Einführung in die Kinder- und Jugendliteratur / Manfred Marquardt. – 10. Aufl. – Troisdorf: Bildungsverl. EINS, 2003. – 208 S. : Ill.
ISBN 3-8237-8121-9

Memory [Elektronische Ressource]: der weltbekannte Klassiker unter den Spielen. – Ravensburger Spielverl., 2011. – Online-Ressource
Adresse: http://www.spielregeln.de/wp-content/uploads/2012/01/memoryanleitung.pdf
Gesehen: 23.11.2014

Neumann, Christine:
Bücherspaß in der Kita: Bildung fängt im Kindergarten an / Christine Neumann. – 1. Aufl. – München: Don Bosco, 2005. – 126 S. : graph. Darst. (entdecken – erleben – lernen)
ISBN 3-7698-1514-9

Nußbaum, Margret:
Erstes Spielen mit Kindern: erste Spiele und Beschäftigungsideen / Margret Nußbaum. Ill. von Angela Weinhold. – Ravensburg: Ravensburger Buchverl., 2002. – 106 S. : zahlr. Ill.
(Ratgeber für den Kindergarten)
ISBN 3-473-37822-4

Ossowski, Ekkehard:
Sachbücher für Kinder und Jugendliche / Ekkehard Ossowski ; Herbert Ossowski. // In: Kinder- und Jugendliteratur der Gegenwart / Hrsg. von Günter Lange. – 2. korrigierte und erg. Aufl. – Baltmannsweiler, 2012.
ISBN 978-3-8340-1054-4
S. 364–388

Ossowski, Herbert:
Sachbücher für Kinder und Jugendliche / Herbert Ossowski. // In: Taschenbuch der Kinder- und Jugendliteratur / Günter Lange (Hrsg.). – Baltmannsweiler. – 2 (2000), S. 657–682

Pech, Klaus-Ulrich:
Produktive Spannungen: Sachliteratur zwischen Bildungserwartungen und Marktbedingungen, Medienkonkurrenz und Freizeitbedürfnissen / Klaus-Ulrich Pech // In: Beiträge Jugendliteratur und Medien / Hrsg. von Petra Josting... – Weinheim. – 15. (2004), S. 5–18

Rittelmeyer, Christian:
Was sollen Kinder lesen: Kriterien, Beispiele, Empfehlungen / Christian Rittelmeyer. – Stuttgart: Kohlhammer, 2009. – 195 S. : Ill.
ISBN 978-3-17-020618-2

Schmitz, Ursula:
Das Bilderbuch in der Erziehung: Ein Ratgeber für Erzieher/innen, Unterrichtende und alle, die Kinder und Bilderbücher lieben / Ursula Schmitz. – 2., durchges. und erw. Aufl. – Donauwörth: Auer Verl., 1997. – 176 S.
ISBN 3-403-02314-1

Schnerr, Anja:
„Einschulung" in der aktuellen Kinderliteratur: Buchempfehlungen und konkrete Umsetzungsvorschläge für die Bibliothekspraxis / Anja Schnerr. – Berlin: BibSpider, 2012. – 110 S.
ISBN 978-3-936960-69-3

Schnerr, Anja:
Widerspiegelung des einschneidenden Abschnitts Einschulung in der aktuellen Kinderliteratur: Empfehlungsliste und didaktische Hinweise für die bibliothekarische Praxis / Anja Schnerr. – 2011. – 89 Bl. + 1CD
Leipzig, Hochsch. für Technik, Wirtschaft und Kultur, Diplomarbeit, 2011

Der Sehnerv [Elektronische Ressource]. – Brain Bus, 2010. – Online-Ressource
Adresse: http://www.brainbus. ch/files/brainbus_factsheet_sehsinn.pdf
Gesehen: 10.11.2014

Umsatzanteile der einzelnen Warengruppen im Buchhandel in Deutschland im Jahr 2013 [Elektronische Ressource]. – Statista, 2014. – Online-Ressource
Adresse: http://de.statista.com/statistik/daten/studie/71155/umfrage/umsatzanteile-im-buchhandel-im-jahr-2008-nach-genre/
Gesehen: 26.11.2014

Umsatzanteile der einzelnen Warengruppen im Buchhandel in Deutschland in den Jahren 2013 und 2014 [Elektronische Ressource]. – Statista, 2015. – Online-Ressource
Adresse: http://de.statista.com/statistik/daten/studie/71155/umfrage/umsatzanteile-im-buchhandel-im-jahr-2008-nach-genre//
Gesehen: 24.09.2015

Umsatzanteile der einzelnen Sparten im Markt für Kinder- und Jugendbücher in Deutschland von September 2014 bis August 2015 [Elektronische Ressource]. – Statista, 2016. – Online-Ressource
Adresse: http://de.statista.com/statistik/daten/studie/200482/umfrage/buchmarkt-umsatzanteile-kinder-und-jugendbuch/
Gesehen: 27.01.2016

Umsätze im Buchmarkt in Deutschland in den Jahren 2003 bis 2018* (in Millionen Euro) [Elektronische Ressource]. – Statista, 2014. – Online-Ressource
Adresse: http://de.statista.com/statistik/daten/studie/12554/umfrage/umsatzentwicklung-im-buchmarkt-seit-2003/
Gesehen: 26.11.2014

Weber, Jochen:
Bewertung und Kritik von Sachbüchern für Kinder und Jugendliche / Jochen Weber // In: Beiträge Jugendliteratur und Medien / Hrsg. von Petra Josting ... – Weinheim. – 15. (2004), S. 75–81

Wespel, Manfred:
Wie Kinder Leser werden / Manfred Wespel. – Braunschweig: Westermann, 2009. – 112 S. : Ill., graph. Darst.
(Praxis Familie: der Elternratgeber)
ISBN 978-3-14-164002-1

Anhang

Anlage 1:
Die 44 bewerteten Sachbuchreihen mit Bewertungsergebnis (alphabetisch nach Verlagen)

Verlag	Reihentitel	Altersempfehlung	Kategorie/n	Punkte
Arena	Kiddilight: Das weißt du schon!	ab 2 Jahren	Erster Wortschatz	38
	Kiddilight: Mein lustiges Drehscheibenbuch	ab 2 Jahren	Wissen durch Zuhören / Klappen- und Folienbücher	50
	Sachbücher mit CD	ab 4 Jahren	Wissen durch Zuhören	51
Ars Edition	Lernraupe / Mein kleines Bilderlexikon	ab 2 Jahren	Erster Wortschatz	46
Bibliogr. Inst.	Duden / Kennst du das?	ab 1 Jahren	Erster Wortschatz	39
	Meyers kleine Kinderbibliothek	ab 3 Jahren	Klappen- und Folienbücher	41
	Meyers kleine Kinderbibliothek : Licht an!	ab 4 Jahren	Klappen- und Folienbücher	41
Carlsen	Hör mal	ab 2 Jahren	Lernen mit allen Sinnen	46
	Lesemaus	ab 3 Jahren	Wissen durch Zuhören	48
	Mein erstes buntes Bildwörterbuch	ab 18 Monaten	Erster Wortschatz / Klappen- und Folienbücher	51
	Pixi Wissen	ab 6 Jahren	Was Kinder fragen	39

Verlag	Reihentitel	Alters-empfehlung	Kategorie/n	Punkte
	Riech mal	ab 2 Jahren	Lernen mit allen Sinnen	45
	Schritt für Schritt erklärt	ab 3 Jahren	Wissen durch Zuhören / Klappen- und Folienbücher	58
CBJ	Frag doch mal... : erstes Sachwissen	ab 3 Jahren	Klappen- und Folienbücher	48
	Frag doch mal...	ab 6 Jahren	Was Kinder fragen	39
Compact	NaturDetektive	ab 6 Jahren	Forschen und Entdecken	48
Coppen-rath	Sehen – Tas-ten – Begreifen / Xavier Deneux	ab 2 Jahren	Erster Wortschatz	44
	Nature zoom : Spezialwissen	ab 6 Jahren	Forschen und Entdecken	39
Del Medio	Lilly und Anton entdecken	ab 4 Jahren	Was Kinder fragen	39
DK	Erstes Lernen	ab 1 Jahr	Erster Wortschatz	49
	Klang-Klappenbuch	ab 1 Jahr	Lernen mit allen Sinnen	39
	Memo Wissen entdecken Kids	ab 6 Jahren	Was Kinder fragen	38
	Naturführer für Kinder	ab 6 Jahren	Forschen und Entdecken	29
	Such mit!	ab 2 Jahren	Erster Wortschatz	40
Esslinger	Meine große Naturbibliothek	ab 4 Jahren	Was Kinder fragen	38
	Meine große Tierbibliothek	ab 4 Jahren	Was Kinder fragen	36
Gersten-berg	Ein Jahr mit den... / Thomas Müller	ab 5 Jahren	Wissen durch Zuhören	40

Verlag	Reihentitel	Altersempfehlung	Kategorie/n	Punkte
Loewe	Frag mich was	ab 5 Jahren	Was Kinder fragen	39
	Mein allererstes Bildwörterbuch	ab 2 Jahren	Erster Wortschatz	46
	Mein Leben als ...	ab 7 Jahren	Wissen durch Zuhören	40
Oetinger	Entdecke die Welt mit Polo Propeller	ab 4 Jahren	Klappen- und Folienbücher	41
Ravensburger	Mein Natur Fühlbuch	ab 4 Jahren	Lernen mit allen Sinnen	37
	Wieso? Weshalb? Warum?	ab 4 Jahren	Klappen- und Folienbücher	46
	Wieso? Weshalb? Warum? / Junior	ab 2 Jahren	Klappen- und Folienbücher	52
Tandem	Entdecken, Erfahren, Erzählen	ab 5 Jahren	Was Kinder fragen	46
	Was ist das? Sehen und lernen!	ab 3 Jahren	Was Kinder fragen	42
Tessloff	Miniwelt / Klappenbuch	ab 2 Jahren	Wissen durch Zuhören / Klappen- und Folienbücher	47
	Miniwelt / Kleines Puzzlebuch	ab 18 Monaten	Erster Wortschatz / Lernen mit allen Sinnen	36
	Miniwelt / Mein Fühlbuch	ab 1 Jahr	Lernen mit allen Sinnen	35
	Was ist Was / Junior	ab 5 Jahren	Klappen- und Folienbücher	58
	Was ist Was / mini	ab 3 Jahren	Wissen durch Zuhören / Was Kinder fragen	58

Verlag	Reihentitel	Alters-empfehlung	Kategorie/n	Punkte
Thiene-mann	Komm mit...	ab 4 Jahren	Wissen durch Zuhören	51
Xenos	Das große 3-D-Abenteuer	ab 5 Jahren	Klappen- und Folienbücher	36
	Die Entdeckerlampe	ab 4 Jahren	Klappen- und Folienbücher	42

Anlage 2:
Muster des Bewertungsbogens

Reihentitel: ______________________________ (Verlag: ___________)

Kurzbeschreibung: ...

I)	**Formale Kriterien**	**0**	**1**	**2**	**3**
1.	Eine altersgerechte Handhabung ist möglich.				
2.	Die Stabilität ist ausreichend für den täglichen Gebrauch in einer ÖB.				
3.	Die Bücher sind ästhetisch ansprechend gestaltet.				
4.	Es gibt zusätzliche Elemente wie Klappen, Folien, Fühlbereiche, etc.				
5.	Das Bild-Text-Verhältnis ist angemessen...				
6.	Die Bücher sind übersichtlich gestaltet.				
Erreichte Gesamtpunktzahl in Abschnitt I:					**/ 18**

II)	**Inhaltliche Kriterien**	**0**	**1**	**2**	**3**
7.	Das Buch ist für die Alterszielgruppe passend und hält dies konsequent ein.				
8.	Die vermittelte Information ist korrekt, objektiv und beinhaltet einen Sachwert.				
9.	Die Informationsmenge ist zumutbar und überschaubar.				
10.	Die Sprache ist anschaulich und leicht verständlich. Fachbegriffe werden erläutert.				
11.	Die Bilder sind passend gewählt und dienen als Unterstützung zum Textverständnis.				
12.	Kinder können auch ohne vorgelesen zu bekommen etwas mit dem Buch anfangen.				
13.	Die Inhalte sind aktuell, ohne veraltete Wortwahl und stereotype Imagevermittlung.				

14.	Die Inhalte bieten neben der Information auch Unterhaltungswert.				
15.	Es gibt so viel zu entdecken, dass Kinder es auch mehrfach ansehen würden.				
16.	Innerhalb des Buches bestehen sinnvolle Zusammenhänge.				
17.	Eine Identifikationsfigur begleitet die Kinder durch das Buch.				
18.	Die Themenauswahl innerhalb der Reihen ist ansprechend und vielfältig.				
Erreichte Gesamtpunktzahl in Abschnitt II:					**/ 36**

III)	**Eignung für die Veranstaltungsarbeit in einer ÖB**	**0**	**1**	**2**	**3**
19.	Die Texte sind zum Vorlesen geeignet.				
20.	Die Inhalte bieten geeigneten Gesprächsstoff.				
21.	Die Themen betreffen Alltag und Umfeld von Kleinkindern.				
22.	Die Bücher geben einen Anstoß zum selbstständigen Forschen und Ausprobieren.				
23.	Interesse für weitere Befassung mit diesem/ angrenzenden Themen wird geweckt.				
24.	Die Bücher sind mit anderen Medien verknüpft. (Website, Hörbuch, Hörstift, etc.)				
Erreichte Gesamtpunktzahl in Abschnitt III:					**/ 18**

Gesamtpunktzahl:	**/ 72**

0 = trifft nicht zu / 1 = trifft kaum zu / 2 = trifft eher zu / 3 = trifft komplett zu

Anlage 3:
Auswertungsbögen aller Sachbuchreihen der Kategorie „Erster Wortschatz" (alphabetisch nach Reihentitel)

Duden / Kennst du das? (Bibliogr. Inst.)

Robuste, kleinformatige Pappbücher, die das Erlernen des ersten Wortschatzes betreffen. Eine Doppelseite steht unter einem bestimmten Thema, zu dem verschiedene Fotos und Zeichnungen mit jeweils einer Bildunterschrift abgebildet sind. Außerdem gibt es Seiten, die mit der Frage „Kennst du das?" eingeleitet werden. Die dort abgebildeten Gegenstände können durch Vorlesen der Bildunterschrift erklärt und die Wörter von Kindern wiedergegeben, oder selbst erraten werden. Am Ende der Bücher gibt es noch Frageseiten, bei denen erlernte Begriffe zugeordnet werden sollen um die Lernerfahrung zu verfestigen.

I)	**Formale Kriterien**	**0**	**1**	**2**	**3**
1.	Eine altersgerechte Handhabung ist möglich.				3
2.	Die Stabilität ist ausreichend für den täglichen Gebrauch in einer ÖB.				3
3.	Die Bücher sind ästhetisch ansprechend gestaltet.		1		
4.	Es gibt zusätzliche Elemente wie Klappen, Folien, Fühlbereiche, etc.	0			
5.	Das Bild-Text-Verhältnis ist angemessen.				3
6.	Die Bücher sind übersichtlich gestaltet.		1		
Erreichte Gesamtpunktzahl in Abschnitt I:		**11 / 18**			

II)	**Inhaltliche Kriterien**	**0**	**1**	**2**	**3**
7.	Das Buch ist für die Alterszielgruppe passend und hält dies konsequent ein.		1		
8.	Die vermittelte Information ist korrekt, objektiv und beinhaltet einen Sachwert.			2	
9.	Die Informationsmenge ist zumutbar und überschaubar.				3
10.	Die Sprache ist anschaulich und leicht verständlich. Fachbegriffe werden erläutert.				3

11.	Die Bilder sind passend gewählt und dienen als Unterstützung zum Textverständnis.			2	
12.	Kinder können auch ohne vorgelesen zu bekommen etwas mit dem Buch anfangen.				3
13.	Die Inhalte sind aktuell, ohne veraltete Wortwahl und stereotype Imagevermittlung.			2	
14.	Die Inhalte bieten neben der Information auch Unterhaltungswert.		1		
15.	Es gibt so viel zu entdecken, dass Kinder es auch mehrfach ansehen würden.		1		
16.	Innerhalb des Buches bestehen sinnvolle Zusammenhänge.			2	
17.	Eine Identifikationsfigur begleitet die Kinder durch das Buch.	0			
18.	Die Themenauswahl innerhalb der Reihen ist ansprechend und vielfältig.			2	
Erreichte Gesamtpunktzahl in Abschnitt II:		**22 / 36**			

III)	**Eignung für die Veranstaltungsarbeit in einer ÖB**	**0**	**1**	**2**	**3**
19.	Die Texte sind zum Vorlesen geeignet.		1		
20.	Die Inhalte bieten geeigneten Gesprächsstoff.		1		
21.	Die Themen betreffen Alltag und Umfeld von Kleinkindern.			2	
22.	Die Bücher geben einen Anstoß zum selbstständigen Forschen und Ausprobieren.			2	
23.	Interesse für weitere Befassung mit diesem/ angrenzenden Themen wird geweckt.	0			
24.	Die Bücher sind mit anderen Medien verknüpft. (Website, Hörbuch, Hörstift, etc.)	0			
Erreichte Gesamtpunktzahl in Abschnitt III:		**6 / 18**			

Gesamtpunktzahl:	**39 / 72**

0 = trifft nicht zu / 1 = trifft kaum zu / 2 = trifft eher zu / 3 = trifft komplett zu

Erstes Lernen (DK)

Durch ein außen liegendes Griffregister gelangt man in den robusten Pappbüchern zu themenbezogenen Doppelseiten. Dort sind, in Form von Fotos, Gegenstände abgebildet, welche mit einer Bildunterschrift versehen sind – zum Wörter Lernen, Nachsprechen und Zuordnen. Außerdem sind immer wieder Fragen eingebaut, die zum selbst Denken, Zählen und Rätseln animieren. Die Aufmachung ist sehr bunt und kindgerecht.

I)	**Formale Kriterien**	**0**	**1**	**2**	**3**
1.	Eine altersgerechte Handhabung ist möglich.				3
2.	Die Stabilität ist ausreichend für den täglichen Gebrauch in einer ÖB.				3
3.	Die Bücher sind ästhetisch ansprechend gestaltet.			2	
4.	Es gibt zusätzliche Elemente wie Klappen, Folien, Fühlbereiche, etc.	0			
5.	Das Bild-Text-Verhältnis ist angemessen.				3
6.	Die Bücher sind übersichtlich gestaltet.				3
Erreichte Gesamtpunktzahl in Abschnitt I:		**14 / 18**			

II)	**Inhaltliche Kriterien**	**0**	**1**	**2**	**3**
7.	Das Buch ist für die Alterszielgruppe passend und hält dies konsequent ein.		1		
8.	Die vermittelte Information ist korrekt, objektiv und beinhaltet einen Sachwert.			2	
9.	Die Informationsmenge ist zumutbar und überschaubar.			2	
10.	Die Sprache ist anschaulich und leicht verständlich. Fachbegriffe werden erläutert.				3
11.	Die Bilder sind passend gewählt und dienen als Unterstützung zum Textverständnis.				3
12.	Kinder können auch ohne vorgelesen zu bekommen etwas mit dem Buch anfangen.				3
13.	Die Inhalte sind aktuell, ohne veraltete Wortwahl und stereotype Imagevermittlung.				3
14.	Die Inhalte bieten neben der Information auch Unterhaltungswert.			2	

		0	1	2	3
15.	Es gibt so viel zu entdecken, dass Kinder es auch mehrfach ansehen würden.			2	
16.	Innerhalb des Buches bestehen sinnvolle Zusammenhänge.				3
17.	Eine Identifikationsfigur begleitet die Kinder durch das Buch.	0			
18.	Die Themenauswahl innerhalb der Reihen ist ansprechend und vielfältig.			2	
Erreichte Gesamtpunktzahl in Abschnitt II:		**26 / 36**			

III)	**Eignung für die Veranstaltungsarbeit in einer ÖB**	**0**	**1**	**2**	**3**
19.	Die Texte sind zum Vorlesen geeignet.		1		
20.	Die Inhalte bieten geeigneten Gesprächsstoff.			2	
21.	Die Themen betreffen Alltag und Umfeld von Kleinkindern.				3
22.	Die Bücher geben einen Anstoß zum selbstständigen Forschen und Ausprobieren.			2	
23.	Interesse für weitere Befassung mit diesem/ angrenzenden Themen wird geweckt.		1		
24.	Die Bücher sind mit anderen Medien verknüpft. (Website, Hörbuch, Hörstift, etc.)	0			
Erreichte Gesamtpunktzahl in Abschnitt III:		**9 / 18**			

Gesamtpunktzahl:	**49 / 72**

0 = trifft nicht zu / 1 = trifft kaum zu / 2 = trifft eher zu / 3 = trifft komplett zu

Kiddilight: Das weißt du schon! (Arena)

Die sehr kleinen Bücher haben Schaumstoffseiten und ein Außenregister, wodurch sie für Kleinkinder leicht zu nutzen sind. Die Themen beschäftigen sich mit dem ersten Lernen von Begrifflichkeiten und handeln diese in wenigen Seiten ab. Das auf dem Außenregister abgebildete Symbol wird auf einer Doppelseite durch einen kurzen Spruch und eine Illustration mit einem Bär erläutert. Im Gegensatz zu anderen Büchern dieser Kategorie wird nur ein Begriff pro Seite geklärt. Daher richtet sich diese Reihe an sehr junges Publikum.

I)	**Formale Kriterien**	**0**	**1**	**2**	**3**
1.	Eine altersgerechte Handhabung ist möglich.				3
2.	Die Stabilität ist ausreichend für den täglichen Gebrauch in einer ÖB.				3
3.	Die Bücher sind ästhetisch ansprechend gestaltet.			2	
4.	Es gibt zusätzliche Elemente wie Klappen, Folien, Fühlbereiche, etc.	0			
5.	Das Bild-Text-Verhältnis ist angemessen.				3
6.	Die Bücher sind übersichtlich gestaltet.				3
Erreichte Gesamtpunktzahl in Abschnitt I:		**14 / 18**			

II)	**Inhaltliche Kriterien**	**0**	**1**	**2**	**3**
7.	Das Buch ist für die Alterszielgruppe passend und hält dies konsequent ein.		1		
8.	Die vermittelte Information ist korrekt, objektiv und beinhaltet einen Sachwert.			2	
9.	Die Informationsmenge ist zumutbar und überschaubar.				3
10.	Die Sprache ist anschaulich und leicht verständlich. Fachbegriffe werden erläutert.			2	
11.	Die Bilder sind passend gewählt und dienen als Unterstützung zum Textverständnis.				3
12.	Kinder können auch ohne vorgelesen zu bekommen etwas mit dem Buch anfangen.				3
13.	Die Inhalte sind aktuell, ohne veraltete Wortwahl und stereotype Imagevermittlung.			2	

14.	Die Inhalte bieten neben der Information auch Unterhaltungswert.		1		
15.	Es gibt so viel zu entdecken, dass Kinder es auch mehrfach ansehen würden.	0			
16.	Innerhalb des Buches bestehen sinnvolle Zusammenhänge.			2	
17.	Eine Identifikationsfigur begleitet die Kinder durch das Buch.				3
18.	Die Themenauswahl innerhalb der Reihen ist ansprechend und vielfältig.	0			
Erreichte Gesamtpunktzahl in Abschnitt II:		**22/ 36**			

III)	**Eignung für die Veranstaltungsarbeit in einer ÖB**	**0**	**1**	**2**	**3**
19.	Die Texte sind zum Vorlesen geeignet.		1		
20.	Die Inhalte bieten geeigneten Gesprächsstoff.	0			
21.	Die Themen betreffen Alltag und Umfeld von Kleinkindern.		1		
22.	Die Bücher geben einen Anstoß zum selbstständigen Forschen und Ausprobieren.	0			
23.	Interesse für weitere Befassung mit diesem/ angrenzenden Themen wird geweckt.	0			
24.	Die Bücher sind mit anderen Medien verknüpft. (Website, Hörbuch, Hörstift, etc.)	0			
Erreichte Gesamtpunktzahl in Abschnitt III:		**2 / 18**			

Gesamtpunktzahl:	**38 / 72**

0 = trifft nicht zu / 1 = trifft kaum zu / 2 = trifft eher zu / 3 = trifft komplett zu

Lernraupe / mein kleines Bilderlexikon (Ars Edition)

Robuste Pappbücher in handlichem Format. Jede Doppelseite wird durch eine Überschrift eingeleitet, zu welcher querbeet verschiedene Gegenstände mit einer Bildunterschrift abgebildet sind. Durch eine Drehscheibe müssen die Kinder auf jeder Seite selbst herausfinden, wie ein gesuchter Gegenstand aussieht. Das unterstützt die Lernerfahrung der Kinder und bewegt sie zum selbstständigen Handeln.

I)	**Formale Kriterien**	**0**	**1**	**2**	**3**
1.	Eine altersgerechte Handhabung ist möglich.			2	
2.	Die Stabilität ist ausreichend für den täglichen Gebrauch in einer ÖB.				3
3.	Die Bücher sind ästhetisch ansprechend gestaltet.			2	
4.	Es gibt zusätzliche Elemente wie Klappen, Folien, Fühlbereiche, etc.				3
5.	Das Bild-Text-Verhältnis ist angemessen.				3
6.	Die Bücher sind übersichtlich gestaltet.		1		
Erreichte Gesamtpunktzahl in Abschnitt I:		**14 / 18**			

II)	**Inhaltliche Kriterien**	**0**	**1**	**2**	**3**
7.	Das Buch ist für die Alterszielgruppe passend und hält dies konsequent ein.			2	
8.	Die vermittelte Information ist korrekt, objektiv und beinhaltet einen Sachwert.				3
9.	Die Informationsmenge ist zumutbar und überschaubar.				3
10.	Die Sprache ist anschaulich und leicht verständlich. Fachbegriffe werden erläutert.				3
11.	Die Bilder sind passend gewählt und dienen als Unterstützung zum Textverständnis.				3
12.	Kinder können auch ohne vorgelesen zu bekommen etwas mit dem Buch anfangen.				3
13.	Die Inhalte sind aktuell, ohne veraltete Wortwahl und stereotype Imagevermittlung.				3
14.	Die Inhalte bieten neben der Information auch Unterhaltungswert.			2	

15.	Es gibt so viel zu entdecken, dass Kinder es auch mehrfach ansehen würden.			2	
16.	Innerhalb des Buches bestehen sinnvolle Zusammenhänge.			2	
17.	Eine Identifikationsfigur begleitet die Kinder durch das Buch.	0			
18.	Die Themenauswahl innerhalb der Reihen ist ansprechend und vielfältig.		1		
Erreichte Gesamtpunktzahl in Abschnitt II:		**27 / 36**			

III)	**Eignung für die Veranstaltungsarbeit in einer ÖB**	**0**	**1**	**2**	**3**
19.	Die Texte sind zum Vorlesen geeignet.		1		
20.	Die Inhalte bieten geeigneten Gesprächsstoff.		1		
21.	Die Themen betreffen Alltag und Umfeld von Kleinkindern.		1		
22.	Die Bücher geben einen Anstoß zum selbstständigen Forschen und Ausprobieren.		1		
23.	Interesse für weitere Befassung mit diesem/ angrenzenden Themen wird geweckt.		1		
24.	Die Bücher sind mit anderen Medien verknüpft. (Website, Hörbuch, Hörstift, etc.)	0			
Erreichte Gesamtpunktzahl in Abschnitt III:		**5 / 18**			

Gesamtpunktzahl:	**46 / 72**

0 = trifft nicht zu / 1 = trifft kaum zu / 2 = trifft eher zu / 3 = trifft komplett zu

Mein allererstes Bildwörterbuch (Loewe)

Robuste, kleinformatige Pappbilderbücher mit einem breit gefassten Thema. Auf jeder Doppelseite gibt es eine Überschrift, zu welcher eine große Illustration gehört. Einzelne Begriffe sind in die Illustration integriert. Auf der Nebenseite beschreiben einzelne Bilder mit kurzen Erklärungs-Sätzen genaueres. Dadurch wird nicht nur Wortschatz vermittelt, sondern Begriffe werden erklärt und Zusammenhänge erläutert. Deshalb sind die Bücher nicht nur für die jüngsten der betrachteten Zielgruppe schön. Zum Vorlesen und zusammen besprechen geeignet. Kinder können dargestellte Szenen jedoch auch alleine beschreiben.

I)	**Formale Kriterien**	**0**	**1**	**2**	**3**
1.	Eine altersgerechte Handhabung ist möglich.				3
2.	Die Stabilität ist ausreichend für den täglichen Gebrauch in einer ÖB.				3
3.	Die Bücher sind ästhetisch ansprechend gestaltet.			2	
4.	Es gibt zusätzliche Elemente wie Klappen, Folien, Fühlbereiche, etc.	0			
5.	Das Bild-Text-Verhältnis ist angemessen.				3
6.	Die Bücher sind übersichtlich gestaltet.		1		
Erreichte Gesamtpunktzahl in Abschnitt I:		**12 / 18**			

II)	**Inhaltliche Kriterien**	**0**	**1**	**2**	**3**
7.	Das Buch ist für die Alterszielgruppe passend und hält dies konsequent ein.				3
8.	Die vermittelte Information ist korrekt, objektiv und beinhaltet einen Sachwert.				3
9.	Die Informationsmenge ist zumutbar und überschaubar.			2	
10.	Die Sprache ist anschaulich und leicht verständlich. Fachbegriffe werden erläutert.				3
11.	Die Bilder sind passend gewählt und dienen als Unterstützung zum Textverständnis.				3
12.	Kinder können auch ohne vorgelesen zu bekommen etwas mit dem Buch anfangen.				3
13.	Die Inhalte sind aktuell, ohne veraltete Wortwahl und stereotype Imagevermittlung.				3

14.	Die Inhalte bieten neben der Information auch Unterhaltungswert.			2	
15.	Es gibt so viel zu entdecken, dass Kinder es auch mehrfach ansehen würden.			2	
16.	Innerhalb des Buches bestehen sinnvolle Zusammenhänge.		1		
17.	Eine Identifikationsfigur begleitet die Kinder durch das Buch.	0			
18.	Die Themenauswahl innerhalb der Reihen ist ansprechend und vielfältig.	0			
Erreichte Gesamtpunktzahl in Abschnitt II:		**25 / 36**			

III)	**Eignung für die Veranstaltungsarbeit in einer ÖB**	**0**	**1**	**2**	**3**
19.	Die Texte sind zum Vorlesen geeignet.			2	
20.	Die Inhalte bieten geeigneten Gesprächsstoff.			2	
21.	Die Themen betreffen Alltag und Umfeld von Kleinkindern.			2	
22.	Die Bücher geben einen Anstoß zum selbstständigen Forschen und Ausprobieren.	0			
23.	Interesse für weitere Befassung mit diesem/ angrenzenden Themen wird geweckt.				3
24.	Die Bücher sind mit anderen Medien verknüpft. (Website, Hörbuch, Hörstift, etc.)	0			
Erreichte Gesamtpunktzahl in Abschnitt III:		**9 / 18**			

Gesamtpunktzahl:	**46 / 72**

0 = trifft nicht zu / 1 = trifft kaum zu / 2 = trifft eher zu / 3 = trifft komplett zu

Mein erstes buntes Bildwörterbuch (Carlsen)

Die Bücher sind robust, aus Pappe und haben ein kindgerechtes Format. Bisher gibt es eine kleine Themenauswahl, die jedoch sehr interessant für Kinder und ihre Umwelt ist und beim Erlernen eines schon spezifischeren Wortschatzes helfen. Auf einer Seite werden verschiedene, gezeichnete Gegenstände mit jeweils einer Bildunterschrift gezeigt. Vereinzelte Klappelemente bringen Dynamik in das Lernen dieser Begriffe. Die abgebildeten Gegenstände können durch Vorlesen der Bildunterschrift erklärt und die Wörter von den Kindern wiedergegeben oder selbst erraten werden. Auf der angrenzenden Seite eine Szene bildlich dargestellt, in der alle vorher gezeigten Gegenstände zu finden sind und sie in einen Kontext bringen.

I)	**Formale Kriterien**	**0**	**1**	**2**	**3**
1.	Eine altersgerechte Handhabung ist möglich.				3
2.	Die Stabilität ist ausreichend für den täglichen Gebrauch in einer ÖB.			2	
3.	Die Bücher sind ästhetisch ansprechend gestaltet.			2	
4.	Es gibt zusätzliche Elemente wie Klappen, Folien, Fühlbereiche, etc.				3
5.	Das Bild-Text-Verhältnis ist angemessen.				3
6.	Die Bücher sind übersichtlich gestaltet.		1		
Erreichte Gesamtpunktzahl in Abschnitt I:		**14 / 18**			

II)	**Inhaltliche Kriterien**	**0**	**1**	**2**	**3**
7.	Das Buch ist für die Alterszielgruppe passend und hält dies konsequent ein.			2	
8.	Die vermittelte Information ist korrekt, objektiv und beinhaltet einen Sachwert.				3
9.	Die Informationsmenge ist zumutbar und überschaubar.				3
10.	Die Sprache ist anschaulich und leicht verständlich. Fachbegriffe werden erläutert.				3
11.	Die Bilder sind passend gewählt und dienen als Unterstützung zum Textverständnis.				3
12.	Kinder können auch ohne vorgelesen zu bekommen etwas mit dem Buch anfangen.				3

13.	Die Inhaltc sind aktuell, ohne veraltete Wortwahl und stereotype Imagevermittlung.				3
14.	Die Inhalte bieten neben der Information auch Unterhaltungswert.			2	
15.	Es gibt so viel zu entdecken, dass Kinder es auch mehrfach ansehen würden.			2	
16.	Innerhalb des Buches bestehen sinnvolle Zusammenhänge.		1		
17.	Eine Identifikationsfigur begleitet die Kinder durch das Buch.				3
18.	Die Themenauswahl innerhalb der Reihen ist ansprechend und vielfältig.		1		
Erreichte Gesamtpunktzahl in Abschnitt II:		**29 / 36**			

III)	**Eignung für die Veranstaltungsarbeit in einer ÖB**	**0**	**1**	**2**	**3**
19.	Die Texte sind zum Vorlesen geeignet.		1		
20.	Die Inhalte bieten geeigneten Gesprächsstoff.			2	
21.	Die Themen betreffen Alltag und Umfeld von Kleinkindern.				3
22.	Die Bücher geben einen Anstoß zum selbstständigen Forschen und Ausprobieren.		1		
23.	Interesse für weitere Befassung mit diesem/ angrenzenden Themen wird geweckt.		1		
24.	Die Bücher sind mit anderen Medien verknüpft. (Website, Hörbuch, Hörstift, etc.)	0			
Erreichte Gesamtpunktzahl in Abschnitt III:		**8 / 18**			

Gesamtpunktzahl:	**51 / 72**

0 = trifft nicht zu / 1 = trifft kaum zu / 2 = trifft eher zu / 3 = trifft komplett zu

Miniwelt / Kleines Puzzlebuch (Tessloff)

In kleinen, handlichen Pappbüchern wird pro Seite ein Gegenstand gezeigt und es gibt eine Bildunterschrift mit Begriffsbezeichnung. Die Besonderheit sind die Puzzleelemente zum Herausnehmen und Wiedereinsetzen. Aufgrund dieser losen Teile ist der Gebrauch in einer Öffentlichen Bibliothek schwierig. Außerdem sind die Bücher an der Zielgruppe vorbei und für jüngere Kinder gedacht.

I)	**Formale Kriterien**	**0**	**1**	**2**	**3**
1.	Eine altersgerechte Handhabung ist möglich.				3
2.	Die Stabilität ist ausreichend für den täglichen Gebrauch in einer ÖB.		1		
3.	Die Bücher sind ästhetisch ansprechend gestaltet.			2	
4.	Es gibt zusätzliche Elemente wie Klappen, Folien, Fühlbereiche, etc.				3
5.	Das Bild-Text-Verhältnis ist angemessen.				3
6.	Die Bücher sind übersichtlich gestaltet.	0			
Erreichte Gesamtpunktzahl in Abschnitt I:		**12 / 18**			

II)	**Inhaltliche Kriterien**	**0**	**1**	**2**	**3**
7.	Das Buch ist für die Alterszielgruppe passend und hält dies konsequent ein.		1		
8.	Die vermittelte Information ist korrekt, objektiv und beinhaltet einen Sachwert.		1		
9.	Die Informationsmenge ist zumutbar und überschaubar.				3
10.	Die Sprache ist anschaulich und leicht verständlich. Fachbegriffe werden erläutert.				3
11.	Die Bilder sind passend gewählt und dienen als Unterstützung zum Textverständnis.				3
12.	Kinder können auch ohne vorgelesen zu bekommen etwas mit dem Buch anfangen.				3
13.	Die Inhalte sind aktuell, ohne veraltete Wortwahl und stereotype Imagevermittlung.				3
14.	Die Inhalte bieten neben der Information auch Unterhaltungswert.			2	

15.	Es gibt so viel zu entdecken, dass Kinder es auch mehrfach ansehen würden.		1		
16.	Innerhalb des Buches bestehen sinnvolle Zusammenhänge.	0			
17.	Eine Identifikationsfigur begleitet die Kinder durch das Buch.	0			
18.	Die Themenauswahl innerhalb der Reihen ist ansprechend und vielfältig.	0			
Erreichte Gesamtpunktzahl in Abschnitt II:		**20 / 36**			

III)	**Eignung für die Veranstaltungsarbeit in einer ÖB**	**0**	**1**	**2**	**3**
19.	Die Texte sind zum Vorlesen geeignet.	0			
20.	Die Inhalte bieten geeigneten Gesprächsstoff.	0			
21.	Die Themen betreffen Alltag und Umfeld von Kleinkindern.			2	
22.	Die Bücher geben einen Anstoß zum selbstständigen Forschen und Ausprobieren.			2	
23.	Interesse für weitere Befassung mit diesem/ angrenzenden Themen wird geweckt.	0			
24.	Die Bücher sind mit anderen Medien verknüpft. (Website, Hörbuch, Hörstift, etc.)	0			
Erreichte Gesamtpunktzahl in Abschnitt III:		**4 / 18**			

Gesamtpunktzahl:	**36 / 72**

0 = trifft nicht zu / 1 = trifft kaum zu / 2 = trifft eher zu / 3 = trifft komplett zu

Sehen – Tasten – Begreifen / Xavier Deneux (Coppenrath)

Die Bildwörterbücher von Xavier Deneux sind durch ihr außergewöhnliches Design etwas ganz Besonderes in der Kategorie „Erster Wortschatz". Durch einfach gegliederte Doppelseiten werden erste Worte trainiert und durch tolle Illustrationen veranschaulicht. Dabei sorgen Erhebungen und Vertiefungen in den Pappseiten für Lernspaß zum Anfassen. Text ist kaum vorhanden. Es geht vorwiegend um die Bilder. Trotz der geringen Titelzahl sticht diese Kinderbuchreihe als besonders ansprechend heraus.

I)	**Formale Kriterien**	**0**	**1**	**2**	**3**
1.	Eine altersgerechte Handhabung ist möglich.				3
2.	Die Stabilität ist ausreichend für den täglichen Gebrauch in einer ÖB.				3
3.	Die Bücher sind ästhetisch ansprechend gestaltet.				3
4.	Es gibt zusätzliche Elemente wie Klappen, Folien, Fühlbereiche, etc.				3
5.	Das Bild-Text-Verhältnis ist angemessen.				3
6.	Die Bücher sind übersichtlich gestaltet.		1		
Erreichte Gesamtpunktzahl in Abschnitt I:		**16 / 18**			

II)	**Inhaltliche Kriterien**	**0**	**1**	**2**	**3**
7.	Das Buch ist für die Alterszielgruppe passend und hält dies konsequent ein.		1		
8.	Die vermittelte Information ist korrekt, objektiv und beinhaltet einen Sachwert.			2	
9.	Die Informationsmenge ist zumutbar und überschaubar.				3
10.	Die Sprache ist anschaulich und leicht verständlich. Fachbegriffe werden erläutert.				3
11.	Die Bilder sind passend gewählt und dienen als Unterstützung zum Textverständnis.				3
12.	Kinder können auch ohne vorgelesen zu bekommen etwas mit dem Buch anfangen.				3
13.	Die Inhalte sind aktuell, ohne veraltete Wortwahl und stereotype Imagevermittlung.				3
14.	Die Inhalte bieten neben der Information auch Unterhaltungswert.			2	

		0	1	2	3
15.	Es gibt so viel zu entdecken, dass Kinder es auch mehrfach ansehen würden.			2	
16.	Innerhalb des Buches bestehen sinnvolle Zusammenhänge.			2	
17.	Eine Identifikationsfigur begleitet die Kinder durch das Buch.	0			
18.	Die Themenauswahl innerhalb der Reihen ist ansprechend und vielfältig.	0			
Erreichte Gesamtpunktzahl in Abschnitt II:		**24 / 36**			

III)	**Eignung für die Veranstaltungsarbeit in einer ÖB**	**0**	**1**	**2**	**3**
19.	Die Texte sind zum Vorlesen geeignet.		1		
20.	Die Inhalte bieten geeigneten Gesprächsstoff.		1		
21.	Die Themen betreffen Alltag und Umfeld von Kleinkindern.			2	
22.	Die Bücher geben einen Anstoß zum selbstständigen Forschen und Ausprobieren.	0			
23.	Interesse für weitere Befassung mit diesem/ angrenzenden Themen wird geweckt.	0			
24.	Die Bücher sind mit anderen Medien verknüpft. (Website, Hörbuch, Hörstift, etc.)	0			
Erreichte Gesamtpunktzahl in Abschnitt III:		**4 / 18**			

Gesamtpunktzahl:	**44 / 72**

0 = trifft nicht zu / 1 = trifft kaum zu / 2 = trifft eher zu / 3 = trifft komplett zu

Such mit! (DK)

Jede Doppelseite wird durch einen Reim eingeleitet, der dazu auffordert etwas Bestimmtes im nebenstehenden Suchbild zu finden. Außerdem gibt es ein Motiv, welches auf jeder Seite versteckt ist. Ein Suchbild steckt voller Bilder zu einem Themengebiet – collagenartig mit Fotoausschnitten und bunten Illustrationen. Einband und Pappseiten sind stabil. Teilweise wirken die Seiten sehr voll, was jedoch gewollt ist und den Sucheffekt unterstützt. Die letzte Seite ist zum Ausklappen und voller Motive aus allen Bereichen des Buches.

I)	**Formale Kriterien**	**0**	**1**	**2**	**3**
1.	Eine altersgerechte Handhabung ist möglich.			2	
2.	Die Stabilität ist ausreichend für den täglichen Gebrauch in einer ÖB.			2	
3.	Die Bücher sind ästhetisch ansprechend gestaltet.			2	
4.	Es gibt zusätzliche Elemente wie Klappen, Folien, Fühlbereiche, etc.				3
5.	Das Bild-Text-Verhältnis ist angemessen.			2	
6.	Die Bücher sind übersichtlich gestaltet.	0			
Erreichte Gesamtpunktzahl in Abschnitt I:		**11 / 18**			

II)	**Inhaltliche Kriterien**	**0**	**1**	**2**	**3**
7.	Das Buch ist für die Alterszielgruppe passend und hält dies konsequent ein.			2	
8.	Die vermittelte Information ist korrekt, objektiv und beinhaltet einen Sachwert.		1		
9.	Die Informationsmenge ist zumutbar und überschaubar.				3
10.	Die Sprache ist anschaulich und leicht verständlich. Fachbegriffe werden erläutert.			2	
11.	Die Bilder sind passend gewählt und dienen als Unterstützung zum Textverständnis.			2	
12.	Kinder können auch ohne vorgelesen zu bekommen etwas mit dem Buch anfangen.			2	
13.	Die Inhalte sind aktuell, ohne veraltete Wortwahl und stereotype Imagevermittlung.			2	

14.	Die Inhalte bieten neben der Information auch Unterhaltungswert.				3
15.	Es gibt so viel zu entdecken, dass Kinder es auch mehrfach ansehen würden.			2	
16.	Innerhalb des Buches bestehen sinnvolle Zusammenhänge.		1		
17.	Eine Identifikationsfigur begleitet die Kinder durch das Buch.	0			
18.	Die Themenauswahl innerhalb der Reihen ist ansprechend und vielfältig.		1		
Erreichte Gesamtpunktzahl in Abschnitt II:		**21 / 36**			

III)	**Eignung für die Veranstaltungsarbeit in einer ÖB**	**0**	**1**	**2**	**3**
19.	Die Texte sind zum Vorlesen geeignet.				3
20.	Die Inhalte bieten geeigneten Gesprächsstoff.			2	
21.	Die Themen betreffen Alltag und Umfeld von Kleinkindern.			2	
22.	Die Bücher geben einen Anstoß zum selbstständigen Forschen und Ausprobieren.	0			
23.	Interesse für weitere Befassung mit diesem/ angrenzenden Themen wird geweckt.		1		
24.	Die Bücher sind mit anderen Medien verknüpft. (Website, Hörbuch, Hörstift, etc.)	0			
Erreichte Gesamtpunktzahl in Abschnitt III:		**8 / 18**			

Gesamtpunktzahl:	**40 / 72**

0 = trifft nicht zu / 1 = trifft kaum zu / 2 = trifft eher zu / 3 = trifft komplett zu

Anlage 4:
Auswertungsbögen aller Sachbuchreihen der Kategorie „Wissen durch Zuhören" (alphabetisch nach Reihentitel)

Ein Jahr mit den... / Thomas Müller (Gerstenberg)

Diese Titel von Thomas Müller stechen durch ihren Bilderbuchcharakter als sehr schön gestaltete Sachbücher heraus. Durch ganzseitige Illustrationen mit kurzen Textpassagen wird ein Tier durch ein Jahr begleitet. Die Texte eignen sich wegen der Erzählstruktur bestens zum Vorlesen und Sachinformation wird ganz nebenbei übermittelt. Auf der letzten Doppelseite ist eine Infoseite zu finden, auf welcher ein paar Fakten zum besprochenen Tier vermittelt werden. Bisher gibt es nur eine kleine Titelauswahl.

I)	**Formale Kriterien**	**0**	**1**	**2**	**3**
1.	Eine altersgerechte Handhabung ist möglich.			2	
2.	Die Stabilität ist ausreichend für den täglichen Gebrauch in einer ÖB.			2	
3.	Die Bücher sind ästhetisch ansprechend gestaltet.				3
4.	Es gibt zusätzliche Elemente wie Klappen, Folien, Fühlbereiche, etc.	0			
5.	Das Bild-Text-Verhältnis ist angemessen.			2	
6.	Die Bücher sind übersichtlich gestaltet.		1		
Erreichte Gesamtpunktzahl in Abschnitt I:		**10 / 18**			

II)	**Inhaltliche Kriterien**	**0**	**1**	**2**	**3**
7.	Das Buch ist für die Alterszielgruppe passend und hält dies konsequent ein.				3
8.	Die vermittelte Information ist korrekt, objektiv und beinhaltet einen Sachwert.		1		
9.	Die Informationsmenge ist zumutbar und überschaubar.				3
10.	Die Sprache ist anschaulich und leicht verständlich. Fachbegriffe werden erläutert.				3
11.	Die Bilder sind passend gewählt und dienen als Unterstützung zum Textverständnis.				3

12.	Kinder können auch ohne vorgelesen zu bekommen etwas mit dem Buch anfangen.			2	
13.	Die Inhalte sind aktuell, ohne veraltete Wortwahl und stereotype Imagevermittlung.			2	
14.	Die Inhalte bieten neben der Information auch Unterhaltungswert.				3
15.	Es gibt so viel zu entdecken, dass Kinder es auch mehrfach ansehen würden.		1		
16.	Innerhalb des Buches bestehen sinnvolle Zusammenhänge.			2	
17.	Eine Identifikationsfigur begleitet die Kinder durch das Buch.	0			
18.	Die Themenauswahl innerhalb der Reihen ist ansprechend und vielfältig.		1		
Erreichte Gesamtpunktzahl in Abschnitt II:		**24 / 36**			

III)	**Eignung für die Veranstaltungsarbeit in einer ÖB**	**0**	**1**	**2**	**3**
19.	Die Texte sind zum Vorlesen geeignet.				3
20.	Die Inhalte bieten geeigneten Gesprächsstoff.		1		
21.	Die Themen betreffen Alltag und Umfeld von Kleinkindern.	0			
22.	Die Bücher geben einen Anstoß zum selbstständigen Forschen und Ausprobieren.	0			
23.	Interesse für weitere Befassung mit diesem/ angrenzenden Themen wird geweckt.			2	
24.	Die Bücher sind mit anderen Medien verknüpft. (Website, Hörbuch, Hörstift, etc.)	0			
Erreichte Gesamtpunktzahl in Abschnitt III:		**6 / 18**			

Gesamtpunktzahl:	**40 / 72**

0 = trifft nicht zu / 1 = trifft kaum zu / 2 = trifft eher zu / 3 = trifft komplett zu

Kiddilight: Mein lustiges Drehscheibenbuch (Arena)

Die stabilen Schaumstoffbücher dieser Reihe erzählen eine kurze Geschichte, welche gut zum Vorlesen geeignet ist. Dabei wird Sachwissen ganz nebenbei vermittelt. Zusätzlich gibt es auf jeder Seite eine Drehscheibe, mit der die Kinder einfache Fragen beantworten sollen. Die Bücher sind für die Jüngsten der betrachteten Zielgruppe gedacht, da es vorrangig um die Vorlesegeschichte und die Drehelemente geht, weniger aber um die Vermittlung von Sachwissen.

I)	**Formale Kriterien**	**0**	**1**	**2**	**3**
1.	Eine altersgerechte Handhabung ist möglich.				3
2.	Die Stabilität ist ausreichend für den täglichen Gebrauch in einer ÖB.				3
3.	Die Bücher sind ästhetisch ansprechend gestaltet.			2	
4.	Es gibt zusätzliche Elemente wie Klappen, Folien, Fühlbereiche, etc.				3
5.	Das Bild-Text-Verhältnis ist angemessen.				3
6.	Die Bücher sind übersichtlich gestaltet.			2	
Erreichte Gesamtpunktzahl in Abschnitt I:		**16 / 18**			

II)	**Inhaltliche Kriterien**	**0**	**1**	**2**	**3**
7.	Das Buch ist für die Alterszielgruppe passend und hält dies konsequent ein.				3
8.	Die vermittelte Information ist korrekt, objektiv und beinhaltet einen Sachwert.		1		
9.	Die Informationsmenge ist zumutbar und überschaubar.				3
10.	Die Sprache ist anschaulich und leicht verständlich. Fachbegriffe werden erläutert.				3
11.	Die Bilder sind passend gewählt und dienen als Unterstützung zum Textverständnis.				3
12.	Kinder können auch ohne vorgelesen zu bekommen etwas mit dem Buch anfangen.				3
13.	Die Inhalte sind aktuell, ohne veraltete Wortwahl und stereotype Imagevermittlung.			2	
14.	Die Inhalte bieten neben der Information auch Unterhaltungswert.				3

15.	Es gibt so viel zu entdecken, dass Kinder es auch mehrfach ansehen würden.			2	
16.	Innerhalb des Buches bestehen sinnvolle Zusammenhänge.				3
17.	Eine Identifikationsfigur begleitet die Kinder durch das Buch.	0			
18.	Die Themenauswahl innerhalb der Reihen ist ansprechend und vielfältig.	0			
Erreichte Gesamtpunktzahl in Abschnitt II:		**26 / 36**			

III)	**Eignung für die Veranstaltungsarbeit in einer ÖB**	**0**	**1**	**2**	**3**
19.	Die Texte sind zum Vorlesen geeignet.				3
20.	Die Inhalte bieten geeigneten Gesprächsstoff.		1		
21.	Die Themen betreffen Alltag und Umfeld von Kleinkindern.		1		
22.	Die Bücher geben einen Anstoß zum selbstständigen Forschen und Ausprobieren.			2	
23.	Interesse für weitere Befassung mit diesem/ angrenzenden Themen wird geweckt.		1		
24.	Die Bücher sind mit anderen Medien verknüpft. (Website, Hörbuch, Hörstift, etc.)	0			
Erreichte Gesamtpunktzahl in Abschnitt III:		**8 / 18**			

Gesamtpunktzahl:	**50 / 72**

0 = trifft nicht zu / 1 = trifft kaum zu / 2 = trifft eher zu / 3 = trifft komplett zu

Komm mit ... (Thienemann)

In einer netten Vorlesegeschichte begleitet man die beiden Kinder Lucas und Julia durch ein Thema. Am Seitenrand werden einzelne Begriffe durch Illustrationen gezeigt. Außerdem gibt es ein ganzseitiges Bild, welches die vorgelesene Szene veranschaulicht. Immer wieder werden die Kinder aufgefordert Fragen zu beantworten oder Suchaufgaben zu lösen. Einige Titel sind auch als Ting-Version erhältlich.

I)	**Formale Kriterien**	**0**	**1**	**2**	**3**
1.	Eine altersgerechte Handhabung ist möglich.			2	
2.	Die Stabilität ist ausreichend für den täglichen Gebrauch in einer ÖB.			2	
3.	Die Bücher sind ästhetisch ansprechend gestaltet.			2	
4.	Es gibt zusätzliche Elemente wie Klappen, Folien, Fühlbereiche, etc.	0			
5.	Das Bild-Text-Verhältnis ist angemessen.			2	
6.	Die Bücher sind übersichtlich gestaltet.		1		
Erreichte Gesamtpunktzahl in Abschnitt I:		**9 / 18**			

II)	**Inhaltliche Kriterien**	**0**	**1**	**2**	**3**
7.	Das Buch ist für die Alterszielgruppe passend und hält dies konsequent ein.				3
8.	Die vermittelte Information ist korrekt, objektiv und beinhaltet einen Sachwert.			2	
9.	Die Informationsmenge ist zumutbar und überschaubar.			2	
10.	Die Sprache ist anschaulich und leicht verständlich. Fachbegriffe werden erläutert.				3
11.	Die Bilder sind passend gewählt und dienen als Unterstützung zum Textverständnis.				3
12.	Kinder können auch ohne vorgelesen zu bekommen etwas mit dem Buch anfangen.			2	
13.	Die Inhalte sind aktuell, ohne veraltete Wortwahl und stereotype Imagevermittlung.				3
14.	Die Inhalte bieten neben der Information auch Unterhaltungswert.				3

15.	Es gibt so viel zu entdecken, dass Kinder es auch mehrfach ansehen würden.			2	
16.	Innerhalb des Buches bestehen sinnvolle Zusammenhänge.		1		
17.	Eine Identifikationsfigur begleitet die Kinder durch das Buch.				3
18.	Die Themenauswahl innerhalb der Reihen ist ansprechend und vielfältig.			2	
Erreichte Gesamtpunktzahl in Abschnitt II:		**29 / 36**			

III)	**Eignung für die Veranstaltungsarbeit in einer ÖB**	**0**	**1**	**2**	**3**
19.	Die Texte sind zum Vorlesen geeignet.				3
20.	Die Inhalte bieten geeigneten Gesprächsstoff.			2	
21.	Die Themen betreffen Alltag und Umfeld von Kleinkindern.			2	
22.	Die Bücher geben einen Anstoß zum selbstständigen Forschen und Ausprobieren.			2	
23.	Interesse für weitere Befassung mit diesem/ angrenzenden Themen wird geweckt.	1			
24.	Die Bücher sind mit anderen Medien verknüpft. (Website, Hörbuch, Hörstift, etc.)				3
Erreichte Gesamtpunktzahl in Abschnitt III:		**13 / 18**			

Gesamtpunktzahl:	**51 / 72**

0 = trifft nicht zu / 1 = trifft kaum zu / 2 = trifft eher zu / 3 = trifft komplett zu

Lesemaus (Carlsen)

Die Hefte haben eine praktische Größe, sind aber für die Bibliothek nur mäßig stabil. In netten Vorlesegeschichten wird Sachwissen ganz nebenbei vermittelt. Die vielen Bilder unterstreichen dabei die Lernerfahrung. Besonders gut gelungen ist die vielfältige Themenauswahl innerhalb dieser Reihe, die Lebenswelt, Interessen und Alltag von Kleinkindern bestens abdeckt.

I)	**Formale Kriterien**	**0**	**1**	**2**	**3**
1.	Eine altersgerechte Handhabung ist möglich.			2	
2.	Die Stabilität ist ausreichend für den täglichen Gebrauch in einer ÖB.		1		
3.	Die Bücher sind ästhetisch ansprechend gestaltet.			2	
4.	Es gibt zusätzliche Elemente wie Klappen, Folien, Fühlbereiche, etc.	0			
5.	Das Bild-Text-Verhältnis ist angemessen.			2	
6.	Die Bücher sind übersichtlich gestaltet.		1		
Erreichte Gesamtpunktzahl in Abschnitt I:		**8 / 18**			

II)	**Inhaltliche Kriterien**	**0**	**1**	**2**	**3**
7.	Das Buch ist für die Alterszielgruppe passend und hält dies konsequent ein.				3
8.	Die vermittelte Information ist korrekt, objektiv und beinhaltet einen Sachwert.			2	
9.	Die Informationsmenge ist zumutbar und überschaubar.			2	
10.	Die Sprache ist anschaulich und leicht verständlich. Fachbegriffe werden erläutert.				3
11.	Die Bilder sind passend gewählt und dienen als Unterstützung zum Textverständnis.				3
12.	Kinder können auch ohne vorgelesen zu bekommen etwas mit dem Buch anfangen.		1		
13.	Die Inhalte sind aktuell, ohne veraltete Wortwahl und stereotype Imagevermittlung.				3
14.	Die Inhalte bieten neben der Information auch Unterhaltungswert.				3

15.	Es gibt so viel zu entdecken, dass Kinder es auch mehrfach ansehen würden.		1		
16.	Innerhalb des Buches bestehen sinnvolle Zusammenhänge.				3
17.	Eine Identifikationsfigur begleitet die Kinder durch das Buch.				3
18.	Die Themenauswahl innerhalb der Reihen ist ansprechend und vielfältig.				3
Erreichte Gesamtpunktzahl in Abschnitt II:		**30 / 36**			

III)	**Eignung für die Veranstaltungsarbeit in einer ÖB**	**0**	**1**	**2**	**3**
19.	Die Texte sind zum Vorlesen geeignet.				3
20.	Die Inhalte bieten geeigneten Gesprächsstoff.			2	
21.	Die Themen betreffen Alltag und Umfeld von Kleinkindern.				3
22.	Die Bücher geben einen Anstoß zum selbstständigen Forschen und Ausprobieren.		1		
23.	Interesse für weitere Befassung mit diesem/ angrenzenden Themen wird geweckt.		1		
24.	Die Bücher sind mit anderen Medien verknüpft. (Website, Hörbuch, Hörstift, etc.)	0			
Erreichte Gesamtpunktzahl in Abschnitt III:		**10 / 18**			

Gesamtpunktzahl:	**48 / 72**

0 = trifft nicht zu / 1 = trifft kaum zu / 2 = trifft eher zu / 3 = trifft komplett zu

Mein Leben als ... (Loewe)

Die Bücher sind wie Tagebücher von einem bestimmten Tier geschrieben. Durch spannende Erzähltexte eignet sich diese Reihe gut zum Vorlesen und das Sachwissen wird ganz nebenbei vermittelt. Schöne Bilder, Fotografien, Infokästen und Grafiken untermauern die Lernerfahrung noch. Ein Glossar erklärt am Ende die schwierigsten Wörter und ein Stichwortregister hilft beim Nachschlagen von gezielter Information. Durch den Umfang der Bücher und den Actiongehalt, eignen sie sich eher für den ältesten Teil der betrachteten Zielgruppe, oder auch schon für Erstleser.

I)	**Formale Kriterien**	**0**	**1**	**2**	**3**
1.	Eine altersgerechte Handhabung ist möglich.			2	
2.	Die Stabilität ist ausreichend für den täglichen Gebrauch in einer ÖB.			2	
3.	Die Bücher sind ästhetisch ansprechend gestaltet.				3
4.	Es gibt zusätzliche Elemente wie Klappen, Folien, Fühlbereiche, etc.	0			
5.	Das Bild-Text-Verhältnis ist angemessen.			2	
6.	Die Bücher sind übersichtlich gestaltet.			2	
Erreichte Gesamtpunktzahl in Abschnitt I:		**11 / 18**			

II)	**Inhaltliche Kriterien**	**0**	**1**	**2**	**3**
7.	Das Buch ist für die Alterszielgruppe passend und hält dies konsequent ein.		1		
8.	Die vermittelte Information ist korrekt, objektiv und beinhaltet einen Sachwert.			2	
9.	Die Informationsmenge ist zumutbar und überschaubar.			2	
10.	Die Sprache ist anschaulich und leicht verständlich. Fachbegriffe werden erläutert.			2	
11.	Die Bilder sind passend gewählt und dienen als Unterstützung zum Textverständnis.				3
12.	Kinder können auch ohne vorgelesen zu bekommen etwas mit dem Buch anfangen.		1		
13.	Die Inhalte sind aktuell, ohne veraltete Wortwahl und stereotype Imagevermittlung.				3

14.	Die Inhalte bieten neben der Information auch Unterhaltungswert.				3
15.	Es gibt so viel zu entdecken, dass Kinder es auch mehrfach ansehen würden.			2	
16.	Innerhalb des Buches bestehen sinnvolle Zusammenhänge.		1		
17.	Eine Identifikationsfigur begleitet die Kinder durch das Buch.				3
18.	Die Themenauswahl innerhalb der Reihen ist ansprechend und vielfältig.		1		
Erreichte Gesamtpunktzahl in Abschnitt II:		**24 / 36**			

III)	**Eignung für die Veranstaltungsarbeit in einer ÖB**	**0**	**1**	**2**	**3**
19.	Die Texte sind zum Vorlesen geeignet.				3
20.	Die Inhalte bieten geeigneten Gesprächsstoff.		1		
21.	Die Themen betreffen Alltag und Umfeld von Kleinkindern.	0			
22.	Die Bücher geben einen Anstoß zum selbstständigen Forschen und Ausprobieren.	0			
23.	Interesse für weitere Befassung mit diesem/ angrenzenden Themen wird geweckt.		1		
24.	Die Bücher sind mit anderen Medien verknüpft. (Website, Hörbuch, Hörstift, etc.)	0			
Erreichte Gesamtpunktzahl in Abschnitt III:		**5 / 18**			

Gesamtpunktzahl:	**40 / 72**

0 = trifft nicht zu / 1 = trifft kaum zu / 2 = trifft eher zu / 3 = trifft komplett zu

Miniwelt / Klappenbuch (Tessloff)

Die handlichen, robusten Bücher erzählen eine kurze Geschichte, welche durch kindgerechte Bilder aufgelockert werden. Klappen sorgen für Interaktivität. Gut zum Vorlesen geeignet. Für den jüngsten Teil der betrachteten Zielgruppe sinnvoll.

I)	**Formale Kriterien**	**0**	**1**	**2**	**3**
1.	Eine altersgerechte Handhabung ist möglich.				3
2.	Die Stabilität ist ausreichend für den täglichen Gebrauch in einer ÖB.			2	
3.	Die Bücher sind ästhetisch ansprechend gestaltet.			2	
4.	Es gibt zusätzliche Elemente wie Klappen, Folien, Fühlbereiche, etc.				3
5.	Das Bild-Text-Verhältnis ist angemessen.			2	
6.	Die Bücher sind übersichtlich gestaltet.		1		
Erreichte Gesamtpunktzahl in Abschnitt I:		**13 / 18**			

II)	**Inhaltliche Kriterien**	**0**	**1**	**2**	**3**
7.	Das Buch ist für die Alterszielgruppe passend und hält dies konsequent ein.			2	
8.	Die vermittelte Information ist korrekt, objektiv und beinhaltet einen Sachwert.		1		
9.	Die Informationsmenge ist zumutbar und überschaubar.				3
10.	Die Sprache ist anschaulich und leicht verständlich. Fachbegriffe werden erläutert.				3
11.	Die Bilder sind passend gewählt und dienen als Unterstützung zum Textverständnis.			2	
12.	Kinder können auch ohne vorgelesen zu bekommen etwas mit dem Buch anfangen.		1		
13.	Die Inhalte sind aktuell, ohne veraltete Wortwahl und stereotype Imagevermittlung.				3
14.	Die Inhalte bieten neben der Information auch Unterhaltungswert.				3
15.	Es gibt so viel zu entdecken, dass Kinder es auch mehrfach ansehen würden.		1		

16.	Innerhalb des Buches bestehen sinnvolle Zusammenhänge.				3
17.	Eine Identifikationsfigur begleitet die Kinder durch das Buch.				3
18.	Die Themenauswahl innerhalb der Reihen ist ansprechend und vielfältig.	0			
Erreichte Gesamtpunktzahl in Abschnitt II:		**25 / 36**			

III)	**Eignung für die Veranstaltungsarbeit in einer ÖB**	**0**	**1**	**2**	**3**
19.	Die Texte sind zum Vorlesen geeignet.				3
20.	Die Inhalte bieten geeigneten Gesprächsstoff.			2	
21.	Die Themen betreffen Alltag und Umfeld von Kleinkindern.				3
22.	Die Bücher geben einen Anstoß zum selbstständigen Forschen und Ausprobieren.		1		
23.	Interesse für weitere Befassung mit diesem/ angrenzenden Themen wird geweckt.	0			
24.	Die Bücher sind mit anderen Medien verknüpft. (Website, Hörbuch, Hörstift, etc.)	0			
Erreichte Gesamtpunktzahl in Abschnitt III:		**9 / 18**			

Gesamtpunktzahl:	**47 / 72**

0 = trifft nicht zu / 1 = trifft kaum zu / 2 = trifft eher zu / 3 = trifft komplett zu

Sachbücher mit CD (Arena)

In einer Sachgeschichte zum Vorlesen erfahren die Kinder beim Zuhören Wissenswertes über ein Thema. Der Bilderbuchcharakter und die vielen Illustrationen unterstützen die Lernerfahrung. Nach der Geschichte folgen ein paar Seiten mit reinem Faktenwissen. Als begleitendes Material gibt es zu jedem Buch eine Audio-CD, auf der die gesamte Sachgeschichte vorgelesen wir, inklusive authentischer Geräusche und Musik. Dadurch können Kinder dieses Buch voll und ganz nutzen, auch ohne selbst lesen zu können.

I)	**Formale Kriterien**	**0**	**1**	**2**	**3**
1.	Eine altersgerechte Handhabung ist möglich.			2	
2.	Die Stabilität ist ausreichend für den täglichen Gebrauch in einer ÖB.			2	
3.	Die Bücher sind ästhetisch ansprechend gestaltet.			2	
4.	Es gibt zusätzliche Elemente wie Klappen, Folien, Fühlbereiche, etc.	0			
5.	Das Bild-Text-Verhältnis ist angemessen.			2	
6.	Die Bücher sind übersichtlich gestaltet.		1		
Erreichte Gesamtpunktzahl in Abschnitt I:		**9 / 18**			

II)	**Inhaltliche Kriterien**	**0**	**1**	**2**	**3**
7.	Das Buch ist für die Alterszielgruppe passend und hält dies konsequent ein.				3
8.	Die vermittelte Information ist korrekt, objektiv und beinhaltet einen Sachwert.				3
9.	Die Informationsmenge ist zumutbar und überschaubar.			2	
10.	Die Sprache ist anschaulich und leicht verständlich. Fachbegriffe werden erläutert.				3
11.	Die Bilder sind passend gewählt und dienen als Unterstützung zum Textverständnis.			2	
12.	Kinder können auch ohne vorgelesen zu bekommen etwas mit dem Buch anfangen.				3
13.	Die Inhalte sind aktuell, ohne veraltete Wortwahl und stereotype Imagevermittlung.				3
14.	Die Inhalte bieten neben der Information auch Unterhaltungswert.				3

15.	Es gibt so viel zu entdecken, dass Kinder es auch mehrfach ansehen würden.			2	
16.	Innerhalb des Buches bestehen sinnvolle Zusammenhänge.			2	
17.	Eine Identifikationsfigur begleitet die Kinder durch das Buch.				3
18.	Die Themenauswahl innerhalb der Reihen ist ansprechend und vielfältig.			2	
Erreichte Gesamtpunktzahl in Abschnitt II:		**31 / 36**			

III)	**Eignung für die Veranstaltungsarbeit in einer ÖB**	**0**	**1**	**2**	**3**
19.	Die Texte sind zum Vorlesen geeignet.				3
20.	Die Inhalte bieten geeigneten Gesprächsstoff.		1		
21.	Die Themen betreffen Alltag und Umfeld von Kleinkindern.			2	
22.	Die Bücher geben einen Anstoß zum selbstständigen Forschen und Ausprobieren.		1		
23.	Interesse für weitere Befassung mit diesem/ angrenzenden Themen wird geweckt.		1		
24.	Die Bücher sind mit anderen Medien verknüpft. (Website, Hörbuch, Hörstift, etc.)				3
Erreichte Gesamtpunktzahl in Abschnitt III:		**11 / 18**			

Gesamtpunktzahl:	**51 / 72**

0 = trifft nicht zu / 1 = trifft kaum zu / 2 = trifft eher zu / 3 = trifft komplett zu

Schritt für Schritt erklärt (Carlsen)

Die großformatigen Bücher erklären komplexe Vorgänge in logischen Schritten und machen Zusammenhänge ersichtlich. Dazu wird eine Sachgeschichte erzählt, welche mit Infotexten und detaillierten Illustrationen untermauert wird. Durch den Erzählstrang im gesamten Buch kann das Wissen einfach durch Vorlesen vermittelt werden. Dank der vielen Klappen können die Kinder aber auch aktiv mitlernen. Teilweise werden Fragen gestellt und Anleitungen zu selbstständigem Handeln gegeben. Die Themenauswahl innerhalb der Reihe ist interessant und weicht von den typischen Standardthemen ab.

I)	**Formale Kriterien**	**0**	**1**	**2**	**3**
1.	Eine altersgerechte Handhabung ist möglich.			2	
2.	Die Stabilität ist ausreichend für den täglichen Gebrauch in einer ÖB.			2	
3.	Die Bücher sind ästhetisch ansprechend gestaltet.			2	
4.	Es gibt zusätzliche Elemente wie Klappen, Folien, Fühlbereiche, etc.				3
5.	Das Bild-Text-Verhältnis ist angemessen.			2	
6.	Die Bücher sind übersichtlich gestaltet.			2	
Erreichte Gesamtpunktzahl in Abschnitt I:		**13 / 18**			

II)	**Inhaltliche Kriterien**	**0**	**1**	**2**	**3**
7.	Das Buch ist für die Alterszielgruppe passend und hält dies konsequent ein.				3
8.	Die vermittelte Information ist korrekt, objektiv und beinhaltet einen Sachwert.				3
9.	Die Informationsmenge ist zumutbar und überschaubar.			2	
10.	Die Sprache ist anschaulich und leicht verständlich. Fachbegriffe werden erläutert.				3
11.	Die Bilder sind passend gewählt und dienen als Unterstützung zum Textverständnis.				3
12.	Kinder können auch ohne vorgelesen zu bekommen etwas mit dem Buch anfangen.			2	
13.	Die Inhalte sind aktuell, ohne veraltete Wortwahl und stereotype Imagevermittlung.				3

14.	Die Inhalte bieten neben der Information auch Unterhaltungswert.				3
15.	Es gibt so viel zu entdecken, dass Kinder es auch mehrfach ansehen würden.			2	
16.	Innerhalb des Buches bestehen sinnvolle Zusammenhänge.				3
17.	Eine Identifikationsfigur begleitet die Kinder durch das Buch.				3
18.	Die Themenauswahl innerhalb der Reihen ist ansprechend und vielfältig.				3
Erreichte Gesamtpunktzahl in Abschnitt II:		**33 / 36**			

III)	**Eignung für die Veranstaltungsarbeit in einer ÖB**	**0**	**1**	**2**	**3**
19.	Die Texte sind zum Vorlesen geeignet.				3
20.	Die Inhalte bieten geeigneten Gesprächsstoff.				3
21.	Die Themen betreffen Alltag und Umfeld von Kleinkindern.			2	
22.	Die Bücher geben einen Anstoß zum selbstständigen Forschen und Ausprobieren.			2	
23.	Interesse für weitere Befassung mit diesem/ angrenzenden Themen wird geweckt.			2	
24.	Die Bücher sind mit anderen Medien verknüpft. (Website, Hörbuch, Hörstift, etc.)	0			
Erreichte Gesamtpunktzahl in Abschnitt III:		**12 / 18**			

Gesamtpunktzahl:	**58 / 72**

0 = trifft nicht zu / 1 = trifft kaum zu / 2 = trifft eher zu / 3 = trifft komplett zu

Was ist Was / mini (Tessloff)

Handliche Bücher in praktischem Format, die durch den dicken Einband und die Pappseiten sehr stabil sind. Die Themenauswahl dieser Reihen ist sehr vielfältig und beschäftigt sich mit Alltag und Lebenswelt von Kleinkindern. Jede Seite wird durch eine Frageüberschrift eingeleitet. Darauf folgen ein kurzer, erzählerischer Erklärungs-Text und einige Begriffsbezeichnungen in den bunten Bildern. Eine Identifikationsfigur begleitet durch das ganze Buch und vermittelt durch seine Erlebnisse Sachwissen. Dank dieser Erzählstruktur sind die Bücher bestens zum Vorlesen geeignet. Auf der letzten Seite befindet sich ein kurzes Quiz – die Lösungen können mit Klappen aufgedeckt werden.

I)	**Formale Kriterien**	**0**	**1**	**2**	**3**
1.	Eine altersgerechte Handhabung ist möglich.				3
2.	Die Stabilität ist ausreichend für den täglichen Gebrauch in einer ÖB.				3
3.	Die Bücher sind ästhetisch ansprechend gestaltet.			2	
4.	Es gibt zusätzliche Elemente wie Klappen, Folien, Fühlbereiche, etc.				3
5.	Das Bild-Text-Verhältnis ist angemessen.			2	
6.	Die Bücher sind übersichtlich gestaltet.		1		
Erreichte Gesamtpunktzahl in Abschnitt I:		**14 / 18**			

II)	**Inhaltliche Kriterien**	**0**	**1**	**2**	**3**
7.	Das Buch ist für die Alterszielgruppe passend und hält dies konsequent ein.				3
8.	Die vermittelte Information ist korrekt, objektiv und beinhaltet einen Sachwert.				3
9.	Die Informationsmenge ist zumutbar und überschaubar.				3
10.	Die Sprache ist anschaulich und leicht verständlich. Fachbegriffe werden erläutert.				3
11.	Die Bilder sind passend gewählt und dienen als Unterstützung zum Textverständnis.				3
12.	Kinder können auch ohne vorgelesen zu bekommen etwas mit dem Buch anfangen.		1		

13.	Die Inhalte sind aktuell, ohne veraltete Wortwahl und stereotype Imagevermittlung.				3
14.	Die Inhalte bieten neben der Information auch Unterhaltungswert.				3
15.	Es gibt so viel zu entdecken, dass Kinder es auch mehrfach ansehen würden.		1		
16.	Innerhalb des Buches bestehen sinnvolle Zusammenhänge.		1		
17.	Eine Identifikationsfigur begleitet die Kinder durch das Buch.				3
18.	Die Themenauswahl innerhalb der Reihen ist ansprechend und vielfältig.				3
Erreichte Gesamtpunktzahl in Abschnitt II:		**30 / 36**			

III)	**Eignung für die Veranstaltungsarbeit in einer ÖB**	**0**	**1**	**2**	**3**
19.	Die Texte sind zum Vorlesen geeignet.				3
20.	Die Inhalte bieten geeigneten Gesprächsstoff.			2	
21.	Die Themen betreffen Alltag und Umfeld von Kleinkindern.				3
22.	Die Bücher geben einen Anstoß zum selbstständigen Forschen und Ausprobieren.			2	
23.	Interesse für weitere Befassung mit diesem/ angrenzenden Themen wird geweckt.		1		
24.	Die Bücher sind mit anderen Medien verknüpft. (Website, Hörbuch, Hörstift, etc.)				3
Erreichte Gesamtpunktzahl in Abschnitt III:		**14 / 18**			

Gesamtpunktzahl:	**58 / 72**

0 = trifft nicht zu / 1 = trifft kaum zu / 2 = trifft eher zu / 3 = trifft komplett zu

Anlage 5:
Auswertungsbögen aller Sachbuchreihen der Kategorie „Was Kinder fragen" (alphabetisch nach Reihentitel)

Entdecken, Erfahren, Erzählen (Tandem)

Jeder Titel dieser Reihe ist wie ein Lexikon zu einem bestimmten, übergeordneten Thema. Durch viele sehr schöne Bilder und kurze Textpassagen erfährt man querbeet Fakten. Die Bücher sind ansprechend gestaltet und perfekt für die betrachtete Zielgruppe geeignet. Aufgrund des Umfangs sind sie nicht zum kompletten Vorlesen gedacht, sondern zum darin schmökern und um verschiedene Interessen nachzuschlagen.

I)	**Formale Kriterien**	**0**	**1**	**2**	**3**
1.	Eine altersgerechte Handhabung ist möglich.			2	
2.	Die Stabilität ist ausreichend für den täglichen Gebrauch in einer ÖB.			2	
3.	Die Bücher sind ästhetisch ansprechend gestaltet.				3
4.	Es gibt zusätzliche Elemente wie Klappen, Folien, Fühlbereiche, etc.	0			
5.	Das Bild-Text-Verhältnis ist angemessen.			2	
6.	Die Bücher sind übersichtlich gestaltet.			2	
Erreichte Gesamtpunktzahl in Abschnitt I:		**11 / 18**			

II)	**Inhaltliche Kriterien**	**0**	**1**	**2**	**3**
7.	Das Buch ist für die Alterszielgruppe passend und hält dies konsequent ein.				3
8.	Die vermittelte Information ist korrekt, objektiv und beinhaltet einen Sachwert.				3
9.	Die Informationsmenge ist zumutbar und überschaubar.			2	
10.	Die Sprache ist anschaulich und leicht verständlich. Fachbegriffe werden erläutert.				3
11.	Die Bilder sind passend gewählt und dienen als Unterstützung zum Textverständnis.				3
12.	Kinder können auch ohne vorgelesen zu bekommen etwas mit dem Buch anfangen.			2	

13.	Die Inhalte sind aktuell, ohne veraltete Wortwahl und stereotype Imagevermittlung.				3
14.	Die Inhalte bieten neben der Information auch Unterhaltungswert.		1		
15.	Es gibt so viel zu entdecken, dass Kinder es auch mehrfach ansehen würden.				3
16.	Innerhalb des Buches bestehen sinnvolle Zusammenhänge.			2	
17.	Eine Identifikationsfigur begleitet die Kinder durch das Buch.	0			
18.	Die Themenauswahl innerhalb der Reihen ist ansprechend und vielfältig.			2	
Erreichte Gesamtpunktzahl in Abschnitt II:		**27 / 36**			

III)	**Eignung für die Veranstaltungsarbeit in einer ÖB**	**0**	**1**	**2**	**3**
19.	Die Texte sind zum Vorlesen geeignet.		1		
20.	Die Inhalte bieten geeigneten Gesprächsstoff.			2	
21.	Die Themen betreffen Alltag und Umfeld von Kleinkindern.			2	
22.	Die Bücher geben einen Anstoß zum selbstständigen Forschen und Ausprobieren.		1		
23.	Interesse für weitere Befassung mit diesem/ angrenzenden Themen wird geweckt.			2	
24.	Die Bücher sind mit anderen Medien verknüpft. (Website, Hörbuch, Hörstift, etc.)	0			
Erreichte Gesamtpunktzahl in Abschnitt III:		**8 / 18**			

Gesamtpunktzahl:	**46 / 72**

0 = trifft nicht zu / 1 = trifft kaum zu / 2 = trifft eher zu / 3 = trifft komplett zu

Frag doch mal ... (CBJ)

Umfangreiche Bücher, die jeweils sehr viel Sachwissen zu einem Thema vermitteln. Es gibt ein Inhaltsverzeichnis, eine Frageüberschrift für jede Doppelseite, ein kleines Lexikon im Anschluss und ein Stichwortregister am Ende. Vereinzelt kommen Folien- und Panoramaseiten vor. Außerdem ist ein Lernposter passend zum Thema dabei. Die Bilder sind schön gemacht, jedoch sind die Bücher insgesamt sehr textlastig – längere Fließtexte, Infokästen, Begriffsbezeichnungen in den Bildern und Aufzählungen. Durch den großen Umfang eignen sich die Bücher eher für den älteren Teil der Zielgruppe und auch schon für Erstleser.

I)	**Formale Kriterien**	**0**	**1**	**2**	**3**
1.	Eine altersgerechte Handhabung ist möglich.			2	
2.	Die Stabilität ist ausreichend für den täglichen Gebrauch in einer ÖB.			2	
3.	Die Bücher sind ästhetisch ansprechend gestaltet.			2	
4.	Es gibt zusätzliche Elemente wie Klappen, Folien, Fühlbereiche, etc.				3
5.	Das Bild-Text-Verhältnis ist angemessen.		1		
6.	Die Bücher sind übersichtlich gestaltet.			2	
Erreichte Gesamtpunktzahl in Abschnitt I:		**12 / 18**			

II)	**Inhaltliche Kriterien**	**0**	**1**	**2**	**3**
7.	Das Buch ist für die Alterszielgruppe passend und hält dies konsequent ein.		1		
8.	Die vermittelte Information ist korrekt, objektiv und beinhaltet einen Sachwert.				3
9.	Die Informationsmenge ist zumutbar und überschaubar.		1		
10.	Die Sprache ist anschaulich und leicht verständlich. Fachbegriffe werden erläutert.		1		
11.	Die Bilder sind passend gewählt und dienen als Unterstützung zum Textverständnis.				3
12.	Kinder können auch ohne vorgelesen zu bekommen etwas mit dem Buch anfangen.		1		
13.	Die Inhalte sind aktuell, ohne veraltete Wortwahl und stereotype Imagevermittlung.				3

		0	1	2	3
14.	Die Inhalte bieten neben der Information auch Unterhaltungswert.		1		
15.	Es gibt so viel zu entdecken, dass Kinder es auch mehrfach ansehen würden.			2	
16.	Innerhalb des Buches bestehen sinnvolle Zusammenhänge.		1		
17.	Eine Identifikationsfigur begleitet die Kinder durch das Buch.	0			
18.	Die Themenauswahl innerhalb der Reihen ist ansprechend und vielfältig.			2	
Erreichte Gesamtpunktzahl in Abschnitt II:		**19 / 36**			

III)	**Eignung für die Veranstaltungsarbeit in einer ÖB**	**0**	**1**	**2**	**3**
19.	Die Texte sind zum Vorlesen geeignet.			2	
20.	Die Inhalte bieten geeigneten Gesprächsstoff.		1		
21.	Die Themen betreffen Alltag und Umfeld von Kleinkindern.		1		
22.	Die Bücher geben einen Anstoß zum selbstständigen Forschen und Ausprobieren.	0			
23.	Interesse für weitere Befassung mit diesem/ angrenzenden Themen wird geweckt.		1		
24.	Die Bücher sind mit anderen Medien verknüpft. (Website, Hörbuch, Hörstift, etc.)				3
Erreichte Gesamtpunktzahl in Abschnitt III:		**8 / 18**			

Gesamtpunktzahl:	**39 / 72**

0 = trifft nicht zu / 1 = trifft kaum zu / 2 = trifft eher zu / 3 = trifft komplett zu

Frag mich was (Loewe)

Die Titel dieser Reihe beschäftigen sich sehr intensiv mit einem bestimmten Thema. Der Aufbau der Bücher ist klassisch – vorne gibt es ein Inhaltsverzeichnis, jede Doppelseite wird mit einer Frageüberschrift eingeleitet, am Ende gibt es eine „Prüfe dein Wissen!"-Seite und ganz zum Schluss noch ein Stichwortregister. Insgesamt sind die Bücher recht textlastig, dies wird aber durch schöne, detailgetreue Illustrationen aufgelockert. Durch den großen Umfang eignen sich die Bücher eher für den älteren Teil der Zielgruppe und auch schon für Erstleser.

I)	**Formale Kriterien**	**0**	**1**	**2**	**3**
1.	Eine altersgerechte Handhabung ist möglich.			2	
2.	Die Stabilität ist ausreichend für den täglichen Gebrauch in einer ÖB.			2	
3.	Die Bücher sind ästhetisch ansprechend gestaltet.			2	
4.	Es gibt zusätzliche Elemente wie Klappen, Folien, Fühlbereiche, etc.	0			
5.	Das Bild-Text-Verhältnis ist angemessen.		1		
6.	Die Bücher sind übersichtlich gestaltet.			2	
Erreichte Gesamtpunktzahl in Abschnitt I:		**9 / 18**			

II)	**Inhaltliche Kriterien**	**0**	**1**	**2**	**3**
7.	Das Buch ist für die Alterszielgruppe passend und hält dies konsequent ein.			2	
8.	Die vermittelte Information ist korrekt, objektiv und beinhaltet einen Sachwert.				3
9.	Die Informationsmenge ist zumutbar und überschaubar.			2	
10.	Die Sprache ist anschaulich und leicht verständlich. Fachbegriffe werden erläutert.			2	
11.	Die Bilder sind passend gewählt und dienen als Unterstützung zum Textverständnis.				3
12.	Kinder können auch ohne vorgelesen zu bekommen etwas mit dem Buch anfangen.		1		
13.	Die Inhalte sind aktuell, ohne veraltete Wortwahl und stereotype Imagevermittlung.				3

14.	Die Inhalte bieten neben der Information auch Unterhaltungswert.		1		
15.	Es gibt so viel zu entdecken, dass Kinder es auch mehrfach ansehen würden.			2	
16.	Innerhalb des Buches bestehen sinnvolle Zusammenhänge.			2	
17.	Eine Identifikationsfigur begleitet die Kinder durch das Buch.	0			
18.	Die Themenauswahl innerhalb der Reihen ist ansprechend und vielfältig.			2	
Erreichte Gesamtpunktzahl in Abschnitt II:		**23 / 36**			

III)	**Eignung für die Veranstaltungsarbeit in einer ÖB**	**0**	**1**	**2**	**3**
19.	Die Texte sind zum Vorlesen geeignet.			2	
20.	Die Inhalte bieten geeigneten Gesprächsstoff.		1		
21.	Die Themen betreffen Alltag und Umfeld von Kleinkindern.			2	
22.	Die Bücher geben einen Anstoß zum selbstständigen Forschen und Ausprobieren.		1		
23.	Interesse für weitere Befassung mit diesem/ angrenzenden Themen wird geweckt.		1		
24.	Die Bücher sind mit anderen Medien verknüpft. (Website, Hörbuch, Hörstift, etc.)	0			
Erreichte Gesamtpunktzahl in Abschnitt III:		**7 / 18**			

Gesamtpunktzahl:	**39 / 72**

0 = trifft nicht zu / 1 = trifft kaum zu / 2 = trifft eher zu / 3 = trifft komplett zu

Lilly und Anton entdecken (Del Medio)

In dieser Reihe erscheinen Pappbücher, die wie Reiseführer für Kinder zu verschiedenen Städten Europas gestaltet sind. Die Bücher arbeiten ohne Fotos, sondern zeigen detaillierte Zeichnungen der jeweiligen Stadt. Leider sind die Bücher sehr textlastig und vermitteln die Information relativ trocken, daher sind sie eher für ältere Kinder geeignet.

I)	**Formale Kriterien**	**0**	**1**	**2**	**3**
1.	Eine altersgerechte Handhabung ist möglich.				3
2.	Die Stabilität ist ausreichend für den täglichen Gebrauch in einer ÖB.				3
3.	Die Bücher sind ästhetisch ansprechend gestaltet.			2	
4.	Es gibt zusätzliche Elemente wie Klappen, Folien, Fühlbereiche, etc.	0			
5.	Das Bild-Text-Verhältnis ist angemessen.		1		
6.	Die Bücher sind übersichtlich gestaltet.		1		
Erreichte Gesamtpunktzahl in Abschnitt I:		**10 / 18**			

II)	**Inhaltliche Kriterien**	**0**	**1**	**2**	**3**
7.	Das Buch ist für die Alterszielgruppe passend und hält dies konsequent ein.		1		
8.	Die vermittelte Information ist korrekt, objektiv und beinhaltet einen Sachwert.				3
9.	Die Informationsmenge ist zumutbar und überschaubar.			2	
10.	Die Sprache ist anschaulich und leicht verständlich. Fachbegriffe werden erläutert.				3
11.	Die Bilder sind passend gewählt und dienen als Unterstützung zum Textverständnis.			2	
12.	Kinder können auch ohne vorgelesen zu bekommen etwas mit dem Buch anfangen.		1		
13.	Die Inhalte sind aktuell, ohne veraltete Wortwahl und stereotype Imagevermittlung.				3
14.	Die Inhalte bieten neben der Information auch Unterhaltungswert.		1		

15.	Es gibt so viel zu entdecken, dass Kinder es auch mehrfach ansehen würden.			2	
16.	Innerhalb des Buches bestehen sinnvolle Zusammenhänge.		1		
17.	Eine Identifikationsfigur begleitet die Kinder durch das Buch.				3
18.	Die Themenauswahl innerhalb der Reihen ist ansprechend und vielfältig.		1		
Erreichte Gesamtpunktzahl in Abschnitt II:		**23 / 36**			

III)	**Eignung für die Veranstaltungsarbeit in einer ÖB**	**0**	**1**	**2**	**3**
19.	Die Texte sind zum Vorlesen geeignet.			2	
20.	Die Inhalte bieten geeigneten Gesprächsstoff.		1		
21.	Die Themen betreffen Alltag und Umfeld von Kleinkindern.		1		
22.	Die Bücher geben einen Anstoß zum selbstständigen Forschen und Ausprobieren.		1		
23.	Interesse für weitere Befassung mit diesem/ angrenzenden Themen wird geweckt.		1		
24.	Die Bücher sind mit anderen Medien verknüpft. (Website, Hörbuch, Hörstift, etc.)	0			
Erreichte Gesamtpunktzahl in Abschnitt III:		**6 / 18**			

Gesamtpunktzahl:	**39 / 72**

0 = trifft nicht zu / 1 = trifft kaum zu / 2 = trifft eher zu / 3 = trifft komplett zu

Meine große Naturbibliothek (Esslinger)

Jedes Buch dieser Reihe widmet sich detailliert einem Thema aus der Natur. Informative Texte liefen Erklärungen und werden durch Fotografien untermauert. Immer wieder werden Fragen eingeworfen, die die eigene Meinung der Kinder anregen sollen. Außerdem gibt es Anleitungen und Ideen zum selbst Handeln. Am Ende befindet sich ein Fragenkatalog, anhand dessen man sein Wissen prüfen kann. Die letzte Seite ist ein Glossar, welches schwierigere Begrifflichkeiten erklärt. Die Bücher sind relativ umfangreich und es bedarf einer langen Aufmerksamkeitsspanne. Das gesamte Design wirkt etwas unmodern.

I)	**Formale Kriterien**	**0**	**1**	**2**	**3**
1.	Eine altersgerechte Handhabung ist möglich.			2	
2.	Die Stabilität ist ausreichend für den täglichen Gebrauch in einer ÖB.			2	
3.	Die Bücher sind ästhetisch ansprechend gestaltet.			2	
4.	Es gibt zusätzliche Elemente wie Klappen, Folien, Fühlbereiche, etc.	0			
5.	Das Bild-Text-Verhältnis ist angemessen.			2	
6.	Die Bücher sind übersichtlich gestaltet.		1		
Erreichte Gesamtpunktzahl in Abschnitt I:		**9 / 18**			

II)	**Inhaltliche Kriterien**	**0**	**1**	**2**	**3**
7.	Das Buch ist für die Alterszielgruppe passend und hält dies konsequent ein.			2	
8.	Die vermittelte Information ist korrekt, objektiv und beinhaltet einen Sachwert.				3
9.	Die Informationsmenge ist zumutbar und überschaubar.		1		
10.	Die Sprache ist anschaulich und leicht verständlich. Fachbegriffe werden erläutert.			2	
11.	Die Bilder sind passend gewählt und dienen als Unterstützung zum Textverständnis.				3
12.	Kinder können auch ohne vorgelesen zu bekommen etwas mit dem Buch anfangen.		1		
13.	Die Inhalte sind aktuell, ohne veraltete Wortwahl und stereotype Imagevermittlung.			2	

14.	Die Inhalte bieten neben der Information auch Unterhaltungswert.		1		
15.	Es gibt so viel zu entdecken, dass Kinder es auch mehrfach ansehen würden.			2	
16.	Innerhalb des Buches bestehen sinnvolle Zusammenhänge.		1		
17.	Eine Identifikationsfigur begleitet die Kinder durch das Buch.	0			
18.	Die Themenauswahl innerhalb der Reihen ist ansprechend und vielfältig.	0			
Erreichte Gesamtpunktzahl in Abschnitt II:		**18 / 36**			

III)	**Eignung für die Veranstaltungsarbeit in einer ÖB**	**0**	**1**	**2**	**3**
19.	Die Texte sind zum Vorlesen geeignet.			2	
20.	Die Inhalte bieten geeigneten Gesprächsstoff.			2	
21.	Die Themen betreffen Alltag und Umfeld von Kleinkindern.			2	
22.	Die Bücher geben einen Anstoß zum selbstständigen Forschen und Ausprobieren.				3
23.	Interesse für weitere Befassung mit diesem/ angrenzenden Themen wird geweckt.			2	
24.	Die Bücher sind mit anderen Medien verknüpft. (Website, Hörbuch, Hörstift, etc.)	0			
Erreichte Gesamtpunktzahl in Abschnitt III:		**11 / 18**			

Gesamtpunktzahl:	**38 / 72**

0 = trifft nicht zu / 1 = trifft kaum zu / 2 = trifft eher zu / 3 = trifft komplett zu

Meine große Tierbibliothek (Esslinger)

Jeder Band handelt von einem bestimmten Tier und vermittelt dazu Detailwissen. Texte informieren querbeet über dieses Tier. Zur Untermauerung der Lernerfahrung dienen detaillierte Fotografien aus der echten Lebenswelt der Tiere. Am Ende befindet sich ein Fragenkatalog, anhand dessen man sein Wissen prüfen kann. Die letzte Seite ist ein Glossar, welches schwierigere Begrifflichkeiten erklärt. Die Bücher sind relativ umfangreich und es bedarf einer langen Aufmerksamkeitsspanne. Das gesamte Design wirkt etwas unmodern.

I)	**Formale Kriterien**	**0**	**1**	**2**	**3**
1.	Eine altersgerechte Handhabung ist möglich.			2	
2.	Die Stabilität ist ausreichend für den täglichen Gebrauch in einer ÖB.			2	
3.	Die Bücher sind ästhetisch ansprechend gestaltet.			2	
4.	Es gibt zusätzliche Elemente wie Klappen, Folien, Fühlbereiche, etc.	0			
5.	Das Bild-Text-Verhältnis ist angemessen.			2	
6.	Die Bücher sind übersichtlich gestaltet.		1		
Erreichte Gesamtpunktzahl in Abschnitt I:		**9 / 18**			

II)	**Inhaltliche Kriterien**	**0**	**1**	**2**	**3**
7.	Das Buch ist für die Alterszielgruppe passend und hält dies konsequent ein.			2	
8.	Die vermittelte Information ist korrekt, objektiv und beinhaltet einen Sachwert.				3
9.	Die Informationsmenge ist zumutbar und überschaubar.		1		
10.	Die Sprache ist anschaulich und leicht verständlich. Fachbegriffe werden erläutert.			2	
11.	Die Bilder sind passend gewählt und dienen als Unterstützung zum Textverständnis.				3
12.	Kinder können auch ohne vorgelesen zu bekommen etwas mit dem Buch anfangen.		1		
13.	Die Inhalte sind aktuell, ohne veraltete Wortwahl und stereotype Imagevermittlung.			2	

14.	Die Inhalte bieten neben der Information auch Unterhaltungswert.		1		
15.	Es gibt so viel zu entdecken, dass Kinder es auch mehrfach ansehen würden.			2	
16.	Innerhalb des Buches bestehen sinnvolle Zusammenhänge.		1		
17.	Eine Identifikationsfigur begleitet die Kinder durch das Buch.	0			
18.	Die Themenauswahl innerhalb der Reihen ist ansprechend und vielfältig.				3
Erreichte Gesamtpunktzahl in Abschnitt II:		**21 / 36**			

III)	**Eignung für die Veranstaltungsarbeit in einer ÖB**	**0**	**1**	**2**	**3**
19.	Die Texte sind zum Vorlesen geeignet.			2	
20.	Die Inhalte bieten geeigneten Gesprächsstoff.		1		
21.	Die Themen betreffen Alltag und Umfeld von Kleinkindern.		1		
22.	Die Bücher geben einen Anstoß zum selbstständigen Forschen und Ausprobieren.			2	
23.	Interesse für weitere Befassung mit diesem/ angrenzenden Themen wird geweckt.	0			
24.	Die Bücher sind mit anderen Medien verknüpft. (Website, Hörbuch, Hörstift, etc.)	0			
Erreichte Gesamtpunktzahl in Abschnitt III:		**6 / 18**			

Gesamtpunktzahl:	**36 / 72**

0 = trifft nicht zu / 1 = trifft kaum zu / 2 = trifft eher zu / 3 = trifft komplett zu

Memo Wissen entdecken / Kids (DK)

Klassische, sehr umfangreiche Sachbücher mit einem Inhaltsverzeichnis vorne, Überschriften zu jeder Doppelseite, einem Begriffsglossar und einem Stichwortregister am Ende. Die Seiten wirken recht voll und teilweise unübersichtlich. Pro Seite gibt es viele Illustrationen und Fotografien, welche den Inhalt aus mehreren Textblöcken verdeutlichen. Eine Besonderheit sind die Quiz-, Spiel- und Rätselseiten zum Schluss, welche das Lernerlebnis der Kinder verstärken. Die Bücher sind am besten schon für Erstleser geeignet.

I)	**Formale Kriterien**	**0**	**1**	**2**	**3**
1.	Eine altersgerechte Handhabung ist möglich.			2	
2.	Die Stabilität ist ausreichend für den täglichen Gebrauch in einer ÖB.			2	
3.	Die Bücher sind ästhetisch ansprechend gestaltet.			2	
4.	Es gibt zusätzliche Elemente wie Klappen, Folien, Fühlbereiche, etc.	0			
5.	Das Bild-Text-Verhältnis ist angemessen.		1		
6.	Die Bücher sind übersichtlich gestaltet.			2	
Erreichte Gesamtpunktzahl in Abschnitt I:		**9 / 18**			

II)	**Inhaltliche Kriterien**	**0**	**1**	**2**	**3**
7.	Das Buch ist für die Alterszielgruppe passend und hält dies konsequent ein.			2	
8.	Die vermittelte Information ist korrekt, objektiv und beinhaltet einen Sachwert.				3
9.	Die Informationsmenge ist zumutbar und überschaubar.		1		
10.	Die Sprache ist anschaulich und leicht verständlich. Fachbegriffe werden erläutert.		1		
11.	Die Bilder sind passend gewählt und dienen als Unterstützung zum Textverständnis.			2	
12.	Kinder können auch ohne vorgelesen zu bekommen etwas mit dem Buch anfangen.		1		
13.	Die Inhalte sind aktuell, ohne veraltete Wortwahl und stereotype Imagevermittlung.				3
14.	Die Inhalte bieten neben der Information auch Unterhaltungswert.		1		

15.	Es gibt so viel zu entdecken, dass Kinder es auch mehrfach ansehen würden.			2	
16.	Innerhalb des Buches bestehen sinnvolle Zusammenhänge.			2	
17.	Eine Identifikationsfigur begleitet die Kinder durch das Buch.	0			
18.	Die Themenauswahl innerhalb der Reihen ist ansprechend und vielfältig.			2	
Erreichte Gesamtpunktzahl in Abschnitt II:		**20 / 36**			

III)	**Eignung für die Veranstaltungsarbeit in einer ÖB**	**0**	**1**	**2**	**3**
19.	Die Texte sind zum Vorlesen geeignet.			2	
20.	Die Inhalte bieten geeigneten Gesprächsstoff.		1		
21.	Die Themen betreffen Alltag und Umfeld von Kleinkindern.			2	
22.	Die Bücher geben einen Anstoß zum selbstständigen Forschen und Ausprobieren.				3
23.	Interesse für weitere Befassung mit diesem/ angrenzenden Themen wird geweckt.		1		
24.	Die Bücher sind mit anderen Medien verknüpft. (Website, Hörbuch, Hörstift, etc.)	0			
Erreichte Gesamtpunktzahl in Abschnitt III:		**9 / 18**			

Gesamtpunktzahl:	**38 / 72**

0 = trifft nicht zu / 1 = trifft kaum zu / 2 = trifft eher zu / 3 = trifft komplett zu

Pixi Wissen (Carlsen)

Die Reihe erscheint im kleinformatigen Heftchen. Dadurch sind die Bücher praktisch zum Mitnehmen, für eine Öffentliche Bibliothek allerdings etwas instabil. Unter Überschriften folgen Erklärungs-Texte und vereinzelte Bilder. Immer wieder gibt es kurze Quizboxen, durch die Faktenwissen abgefragt wird. Im Anschluss folgen eine spezielle „Wissen macht Ah!"-Seite, eine Lexikon-Seite und eine Quiz-Seite. Außerdem kann man unter http://www.carlsen.de/pixi-wissen/quiz ein Internetquiz spielen. Am besten sind die Bücher schon von Erstlesern zu benutzen.

I)	**Formale Kriterien**	**0**	**1**	**2**	**3**
1.	Eine altersgerechte Handhabung ist möglich.			2	
2.	Die Stabilität ist ausreichend für den täglichen Gebrauch in einer ÖB.		1		
3.	Die Bücher sind ästhetisch ansprechend gestaltet.			2	
4.	Es gibt zusätzliche Elemente wie Klappen, Folien, Fühlbereiche, etc.	0			
5.	Das Bild-Text-Verhältnis ist angemessen.			2	
6.	Die Bücher sind übersichtlich gestaltet.		1		
Erreichte Gesamtpunktzahl in Abschnitt I:		**8 / 18**			

II)	**Inhaltliche Kriterien**	**0**	**1**	**2**	**3**
7.	Das Buch ist für die Alterszielgruppe passend und hält dies konsequent ein.			2	
8.	Die vermittelte Information ist korrekt, objektiv und beinhaltet einen Sachwert.				3
9.	Die Informationsmenge ist zumutbar und überschaubar.			2	
10.	Die Sprache ist anschaulich und leicht verständlich. Fachbegriffe werden erläutert.			2	
11.	Die Bilder sind passend gewählt und dienen als Unterstützung zum Textverständnis.		1		
12.	Kinder können auch ohne vorgelesen zu bekommen etwas mit dem Buch anfangen.		1		
13.	Die Inhalte sind aktuell, ohne veraltete Wortwahl und stereotype Imagevermittlung.				3

14.	Die Inhalte bieten neben der Information auch Unterhaltungswert.			2	
15.	Es gibt so viel zu entdecken, dass Kinder es auch mehrfach ansehen würden.		1		
16.	Innerhalb des Buches bestehen sinnvolle Zusammenhänge.	0			
17.	Eine Identifikationsfigur begleitet die Kinder durch das Buch.	0			
18.	Die Themenauswahl innerhalb der Reihen ist ansprechend und vielfältig.				3
Erreichte Gesamtpunktzahl in Abschnitt II:		**20 / 36**			

III)	**Eignung für die Veranstaltungsarbeit in einer ÖB**	**0**	**1**	**2**	**3**
19.	Die Texte sind zum Vorlesen geeignet.			2	
20.	Die Inhalte bieten geeigneten Gesprächsstoff.		1		
21.	Die Themen betreffen Alltag und Umfeld von Kleinkindern.			2	
22.	Die Bücher geben einen Anstoß zum selbstständigen Forschen und Ausprobieren.			2	
23.	Interesse für weitere Befassung mit diesem/ angrenzenden Themen wird geweckt.		1		
24.	Die Bücher sind mit anderen Medien verknüpft. (Website, Hörbuch, Hörstift, etc.)				3
Erreichte Gesamtpunktzahl in Abschnitt III:		**11 / 18**			

Gesamtpunktzahl:	**39 / 72**

0 = trifft nicht zu / 1 = trifft kaum zu / 2 = trifft eher zu / 3 = trifft komplett zu

Was ist das? Sehen und lernen! (Tandem)

Robuste, handliche Bücher, die durch Textpassagen und bunte Illustrationen Sachwissen vermitteln. In den Bildern sind teilweise noch ergänzende Begriffserklärungen zu finden. Jede Doppelseite steht unter einer Überschrift. Das Design wirkt teilweise lieblos und billig, die Seiten manchmal überfüllt. Insgesamt ist „Was ist das? Sehen und lernen!" jedoch eine gute Reihe für die betrachtete Altersgruppe, mit einer vielfältigen Themenauswahl.

I)	**Formale Kriterien**	**0**	**1**	**2**	**3**
1.	Eine altersgerechte Handhabung ist möglich.				3
2.	Die Stabilität ist ausreichend für den täglichen Gebrauch in einer ÖB.				3
3.	Die Bücher sind ästhetisch ansprechend gestaltet.		1		
4.	Es gibt zusätzliche Elemente wie Klappen, Folien, Fühlbereiche, etc.	0			
5.	Das Bild-Text-Verhältnis ist angemessen.			2	
6.	Die Bücher sind übersichtlich gestaltet.		1		
Erreichte Gesamtpunktzahl in Abschnitt I:		**10 / 18**			

II)	**Inhaltliche Kriterien**	**0**	**1**	**2**	**3**
7.	Das Buch ist für die Alterszielgruppe passend und hält dies konsequent ein.				3
8.	Die vermittelte Information ist korrekt, objektiv und beinhaltet einen Sachwert.				3
9.	Die Informationsmenge ist zumutbar und überschaubar.			2	
10.	Die Sprache ist anschaulich und leicht verständlich. Fachbegriffe werden erläutert.				3
11.	Die Bilder sind passend gewählt und dienen als Unterstützung zum Textverständnis.				3
12.	Kinder können auch ohne vorgelesen zu bekommen etwas mit dem Buch anfangen.		1		
13.	Die Inhalte sind aktuell, ohne veraltete Wortwahl und stereotype Imagevermittlung.				3
14.	Die Inhalte bieten neben der Information auch Unterhaltungswert.		1		

15.	Es gibt so viel zu entdecken, dass Kinder es auch mehrfach ansehen würden.			2	
16.	Innerhalb des Buches bestehen sinnvolle Zusammenhänge.			2	
17.	Eine Identifikationsfigur begleitet die Kinder durch das Buch.	0			
18.	Die Themenauswahl innerhalb der Reihen ist ansprechend und vielfältig.				3
Erreichte Gesamtpunktzahl in Abschnitt II:		**26 / 36**			

III)	**Eignung für die Veranstaltungsarbeit in einer ÖB**	**0**	**1**	**2**	**3**
19.	Die Texte sind zum Vorlesen geeignet.			2	
20.	Die Inhalte bieten geeigneten Gesprächsstoff.		1		
21.	Die Themen betreffen Alltag und Umfeld von Kleinkindern.			2	
22.	Die Bücher geben einen Anstoß zum selbstständigen Forschen und Ausprobieren.	0			
23.	Interesse für weitere Befassung mit diesem/ angrenzenden Themen wird geweckt.		1		
24.	Die Bücher sind mit anderen Medien verknüpft. (Website, Hörbuch, Hörstift, etc.)	0			
Erreichte Gesamtpunktzahl in Abschnitt III:		**6 / 18**			

Gesamtpunktzahl:	**42 / 72**

0 = trifft nicht zu / 1 = trifft kaum zu / 2 = trifft eher zu / 3 = trifft komplett zu

Was ist Was / mini (Tessloff)

Handliche Bücher in praktischem Format, die durch den dicken Einband und die Pappseiten sehr stabil sind. Die Themenauswahl dieser Reihe ist sehr vielfältig und beschäftigt sich mit Alltag und Lebenswelt von Kleinkindern. Jede Seite wird durch eine Frageüberschrift eingeleitet. Darauf folgen ein kurzer, erzählerischer Erklärungs-Text und einige Begriffserklärungen in den bunten Bildern. Eine Identifikationsfigur begleitet durch das ganze Buch und vermittelt durch seine Erlebnisse Sachwissen. Dank dieser Erzählstruktur sind die Bücher bestens zum Vorlesen geeignet. Auf der letzten Seite befindet sich ein kurzes Quiz – die Lösungen können mit Klappen aufgedeckt werden.

I)	**Formale Kriterien**	**0**	**1**	**2**	**3**
1.	Eine altersgerechte Handhabung ist möglich.				3
2.	Die Stabilität ist ausreichend für den täglichen Gebrauch in einer ÖB.				3
3.	Die Bücher sind ästhetisch ansprechend gestaltet.			2	
4.	Es gibt zusätzliche Elemente wie Klappen, Folien, Fühlbereiche, etc.				3
5.	Das Bild-Text-Verhältnis ist angemessen.			2	
6.	Die Bücher sind übersichtlich gestaltet.		1		
Erreichte Gesamtpunktzahl in Abschnitt I:		**14 / 18**			

II)	**Inhaltliche Kriterien**	**0**	**1**	**2**	**3**
7.	Das Buch ist für die Alterszielgruppe passend und hält dies konsequent ein.				3
8.	Die vermittelte Information ist korrekt, objektiv und beinhaltet einen Sachwert.				3
9.	Die Informationsmenge ist zumutbar und überschaubar.				3
10.	Die Sprache ist anschaulich und leicht verständlich. Fachbegriffe werden erläutert.				3
11.	Die Bilder sind passend gewählt und dienen als Unterstützung zum Textverständnis.				3
12.	Kinder können auch ohne vorgelesen zu bekommen etwas mit dem Buch anfangen.		1		
13.	Die Inhalte sind aktuell, ohne veraltete Wortwahl und stereotype Imagevermittlung.				3

14.	Die Inhalte bieten neben der Information auch Unterhaltungswert.				3
15.	Es gibt so viel zu entdecken, dass Kinder es auch mehrfach ansehen würden.		1		
16.	Innerhalb des Buches bestehen sinnvolle Zusammenhänge.		1		
17.	Eine Identifikationsfigur begleitet die Kinder durch das Buch.				3
18.	Die Themenauswahl innerhalb der Reihen ist ansprechend und vielfältig.				3
Erreichte Gesamtpunktzahl in Abschnitt II:		**30 / 36**			

III)	**Eignung für die Veranstaltungsarbeit in einer ÖB**	**0**	**1**	**2**	**3**
19.	Die Texte sind zum Vorlesen geeignet.				3
20.	Die Inhalte bieten geeigneten Gesprächsstoff.			2	
21.	Die Themen betreffen Alltag und Umfeld von Kleinkindern.				3
22.	Die Bücher geben einen Anstoß zum selbstständigen Forschen und Ausprobieren.			2	
23.	Interesse für weitere Befassung mit diesem/ angrenzenden Themen wird geweckt.		1		
24.	Die Bücher sind mit anderen Medien verknüpft. (Website, Hörbuch, Hörstift, etc.)				3
Erreichte Gesamtpunktzahl in Abschnitt III:		**14 / 18**			

Gesamtpunktzahl:	**58 / 72**

0 = trifft nicht zu / 1 = trifft kaum zu / 2 = trifft eher zu / 3 = trifft komplett zu

Anlage 6:
Auswertungsbögen aller Sachbuchreihen der Kategorie „Forschen und Entdecken" (alphabetisch nach Reihentitel)

NaturDetektive (Compact)

Lexikonartig werden Tiere, Pflanzen, etc. beschrieben und es wird erklärt, wie man sie bestimmen, wo man sie finden und was man damit machen kann. Dazu zeigen mehrere Fotografien, wie das Besprochene aussieht. Ein Inhaltsverzeichnis, Kapitelüberschriften, ein Glossar und ein Register verschaffen Überblick. Immer wieder gibt es Anleitungen zum selbstständigen Basteln, Bauen, Experimentieren und Forschen, Quizfragen und Infokästen mit interessanten Anregungen. Zusammen mit dieser Reihe gibt es die Website www.naturdetektive.de, auf der es einen stets aktualisierten „Fall der Woche", ein „Thema des Monats" und einen „Detektiv-Auftrag" gibt. Außerdem dort zu finden sind viele weitere Fakten, ein Lexikon und Spiele. Durch den großen Textgehalt, sind die Bücher für Kinder, die noch nicht lesen können, nur zusammen mit Erwachsenen sinnvoll benutzbar.

I)	Formale Kriterien	0	1	2	3
1.	Eine altersgerechte Handhabung ist möglich.		1		
2.	Die Stabilität ist ausreichend für den täglichen Gebrauch in einer ÖB.			2	
3.	Die Bücher sind ästhetisch ansprechend gestaltet.			2	
4.	Es gibt zusätzliche Elemente wie Klappen, Folien, Fühlbereiche, etc.	0			
5.	Das Bild-Text-Verhältnis ist angemessen.		1		
6.	Die Bücher sind übersichtlich gestaltet.				3
Erreichte Gesamtpunktzahl in Abschnitt I:		**9 / 18**			

II)	Inhaltliche Kriterien	0	1	2	3
7.	Das Buch ist für die Alterszielgruppe passend und hält dies konsequent ein.		1		
8.	Die vermittelte Information ist korrekt, objektiv und beinhaltet einen Sachwert.				3
9.	Die Informationsmenge ist zumutbar und überschaubar.			2	

		0	1	2	3
10.	Die Sprache ist anschaulich und leicht verständlich. Fachbegriffe werden erläutert.				3
11.	Die Bilder sind passend gewählt und dienen als Unterstützung zum Textverständnis.				3
12.	Kinder können auch ohne vorgelesen zu bekommen etwas mit dem Buch anfangen.		1		
13.	Die Inhalte sind aktuell, ohne veraltete Wortwahl und stereotype Imagevermittlung.				3
14.	Die Inhalte bieten neben der Information auch Unterhaltungswert.			2	
15.	Es gibt so viel zu entdecken, dass Kinder es auch mehrfach ansehen würden.				3
16.	Innerhalb des Buches bestehen sinnvolle Zusammenhänge.			2	
17.	Eine Identifikationsfigur begleitet die Kinder durch das Buch.	0			
18.	Die Themenauswahl innerhalb der Reihen ist ansprechend und vielfältig.			2	
Erreichte Gesamtpunktzahl in Abschnitt II:		**25 / 36**			

III)	**Eignung für die Veranstaltungsarbeit in einer ÖB**	**0**	**1**	**2**	**3**
19.	Die Texte sind zum Vorlesen geeignet.			2	
20.	Die Inhalte bieten geeigneten Gesprächsstoff.			2	
21.	Die Themen betreffen Alltag und Umfeld von Kleinkindern.			2	
22.	Die Bücher geben einen Anstoß zum selbstständigen Forschen und Ausprobieren.				3
23.	Interesse für weitere Befassung mit diesem/ angrenzenden Themen wird geweckt.			2	
24.	Die Bücher sind mit anderen Medien verknüpft. (Website, Hörbuch, Hörstift, etc.)				3
Erreichte Gesamtpunktzahl in Abschnitt III:		**14 / 18**			

Gesamtpunktzahl:	**48 / 72**

0 = trifft nicht zu / 1 = trifft kaum zu / 2 = trifft eher zu / 3 = trifft komplett zu

Nature zoom: Spezialwissen (Coppenrath)

Die kleinformatigen Heftchen sind bei regelmäßigem Gebrauch in einer Öffentlichen Bibliothek nur mäßig stabil. Kurze Informationstexte und nützliche Zeichnungen regen zum selber Forschen und Experimentieren an. Dabei sollen sich die Kinder direkt in der Natur aufhalten. Am besten zu benutzen, wenn man schon selbst lesen kann.

I)	Formale Kriterien	0	1	2	3
1.	Eine altersgerechte Handhabung ist möglich.			2	
2.	Die Stabilität ist ausreichend für den täglichen Gebrauch in einer ÖB.		1		
3.	Die Bücher sind ästhetisch ansprechend gestaltet.			2	
4.	Es gibt zusätzliche Elemente wie Klappen, Folien, Fühlbereiche, etc.	0			
5.	Das Bild-Text-Verhältnis ist angemessen.			2	
6.	Die Bücher sind übersichtlich gestaltet.			2	
Erreichte Gesamtpunktzahl in Abschnitt I:		**9 / 18**			

II)	Inhaltliche Kriterien	0	1	2	3
7.	Das Buch ist für die Alterszielgruppe passend und hält dies konsequent ein.			2	
8.	Die vermittelte Information ist korrekt, objektiv und beinhaltet einen Sachwert.				3
9.	Die Informationsmenge ist zumutbar und überschaubar.			2	
10.	Die Sprache ist anschaulich und leicht verständlich. Fachbegriffe werden erläutert.				3
11.	Die Bilder sind passend gewählt und dienen als Unterstützung zum Textverständnis.			2	
12.	Kinder können auch ohne vorgelesen zu bekommen etwas mit dem Buch anfangen.		1		
13.	Die Inhalte sind aktuell, ohne veraltete Wortwahl und stereotype Imagevermittlung.				3
14.	Die Inhalte bieten neben der Information auch Unterhaltungswert.		1		

15.	Es gibt so viel zu entdecken, dass Kinder es auch mehrfach ansehen würden.			2	
16.	Innerhalb des Buches bestehen sinnvolle Zusammenhänge.		1		
17.	Eine Identifikationsfigur begleitet die Kinder durch das Buch.	0			
18.	Die Themenauswahl innerhalb der Reihen ist ansprechend und vielfältig.		1		
Erreichte Gesamtpunktzahl in Abschnitt II:		**21 / 36**			

III)	**Eignung für die Veranstaltungsarbeit in einer ÖB**	**0**	**1**	**2**	**3**
19.	Die Texte sind zum Vorlesen geeignet.		1		
20.	Die Inhalte bieten geeigneten Gesprächsstoff.		1		
21.	Die Themen betreffen Alltag und Umfeld von Kleinkindern.			2	
22.	Die Bücher geben einen Anstoß zum selbstständigen Forschen und Ausprobieren.				3
23.	Interesse für weitere Befassung mit diesem/ angrenzenden Themen wird geweckt.			2	
24.	Die Bücher sind mit anderen Medien verknüpft. (Website, Hörbuch, Hörstift, etc.)	0			
Erreichte Gesamtpunktzahl in Abschnitt III:		**9 / 18**			

Gesamtpunktzahl:	**39 / 72**

0 = trifft nicht zu / 1 = trifft kaum zu / 2 = trifft eher zu / 3 = trifft komplett zu

Naturführer für Kinder (DK)

Diese Reihe gibt einen Überblick und liefert Fakten über verschiedene Bereiche der Natur. Kurze Textabschnitte erklären einzelne Pflanzen, Tiere, etc., zu denen teilweise Zeichnungen und Fotografien gehören. Immer wieder gibt es Anleitungen zum selbstr Forschen und Ausprobieren. Leider wirken die Seiten sehr voll und unübersichtlich. Eine systematische Gliederung der Bücher ist nicht zu erkennen, sodass selbst mit Inhaltsverzeichnis und Register die Handhabung schwer fällt. Außerdem sind die Bücher sehr textlastig und somit eher für Grundschulkinder zu empfehlen.

I)	**Formale Kriterien**	**0**	**1**	**2**	**3**
1.	Eine altersgerechte Handhabung ist möglich.		1		
2.	Die Stabilität ist ausreichend für den täglichen Gebrauch in einer ÖB.			2	
3.	Die Bücher sind ästhetisch ansprechend gestaltet.			2	
4.	Es gibt zusätzliche Elemente wie Klappen, Folien, Fühlbereiche, etc.	0			
5.	Das Bild-Text-Verhältnis ist angemessen.		1		
6.	Die Bücher sind übersichtlich gestaltet.		1		
Erreichte Gesamtpunktzahl in Abschnitt I:		**7 / 18**			

II)	**Inhaltliche Kriterien**	**0**	**1**	**2**	**3**
7.	Das Buch ist für die Alterszielgruppe passend und hält dies konsequent ein.	0			
8.	Die vermittelte Information ist korrekt, objektiv und beinhaltet einen Sachwert.				3
9.	Die Informationsmenge ist zumutbar und überschaubar.		1		
10.	Die Sprache ist anschaulich und leicht verständlich. Fachbegriffe werden erläutert.			2	
11.	Die Bilder sind passend gewählt und dienen als Unterstützung zum Textverständnis.		1		
12.	Kinder können auch ohne vorgelesen zu bekommen etwas mit dem Buch anfangen.		1		
13.	Die Inhalte sind aktuell, ohne veraltete Wortwahl und stereotype Imagevermittlung.				3

14.	Die Inhalte bieten neben der Information auch Unterhaltungswert.	0			
15.	Es gibt so viel zu entdecken, dass Kinder es auch mehrfach ansehen würden.			2	
16.	Innerhalb des Buches bestehen sinnvolle Zusammenhänge.		1		
17.	Eine Identifikationsfigur begleitet die Kinder durch das Buch.	0			
18.	Die Themenauswahl innerhalb der Reihen ist ansprechend und vielfältig.		1		
Erreichte Gesamtpunktzahl in Abschnitt II:		**15 / 36**			

III)	**Eignung für die Veranstaltungsarbeit in einer ÖB**	**0**	**1**	**2**	**3**
19.	Die Texte sind zum Vorlesen geeignet.		1		
20.	Die Inhalte bieten geeigneten Gesprächsstoff.		1		
21.	Die Themen betreffen Alltag und Umfeld von Kleinkindern.			2	
22.	Die Bücher geben einen Anstoß zum selbstständigen Forschen und Ausprobieren.			2	
23.	Interesse für weitere Befassung mit diesem/ angrenzenden Themen wird geweckt.		1		
24.	Die Bücher sind mit anderen Medien verknüpft. (Website, Hörbuch, Hörstift, etc.)	0			
Erreichte Gesamtpunktzahl in Abschnitt III:		**7 / 18**			

Gesamtpunktzahl:	**29 / 72**

0 = trifft nicht zu / 1 = trifft kaum zu / 2 = trifft eher zu / 3 = trifft komplett zu

Anlage 7: Auswertungsbögen aller Sachbuchreihen der Kategorie „Klappen- und Folienbücher“ (alphabetisch nach Reihentitel)

Entdecke die Welt mit Polo Propeller (Oetinger)

Große, dicke Bücher, die ein Thema detailliert behandeln. Jede Doppelseite steht unter einer Überschrift, zu der von Maskottchen Polo Propeller, einer Entdeckerente, ein kurzer Erklärungs-Text folgt. Des Weiteren sind Illustrationen mit Bildunterschriften vorhanden. Durch Schiebefolien wird das Lernen interaktiv – die Folien sind jedoch nicht immer sinnvoll. Seitengestaltung und Bilder wirken teilweise etwas lieblos gemacht. Trotzdem sind die Bücher schön für Kinder, die sich bereits für das Thema interessieren.

I)	**Formale Kriterien**	**0**	**1**	**2**	**3**
1.	Eine altersgerechte Handhabung ist möglich.			2	
2.	Die Stabilität ist ausreichend für den täglichen Gebrauch in einer ÖB.			2	
3.	Die Bücher sind ästhetisch ansprechend gestaltet.			2	
4.	Es gibt zusätzliche Elemente wie Klappen, Folien, Fühlbereiche, etc.				3
5.	Das Bild-Text-Verhältnis ist angemessen.			2	
6.	Die Bücher sind übersichtlich gestaltet.		1		
Erreichte Gesamtpunktzahl in Abschnitt I:		**12 / 18**			

II)	**Inhaltliche Kriterien**	**0**	**1**	**2**	**3**
7.	Das Buch ist für die Alterszielgruppe passend und hält dies konsequent ein.			2	
8.	Die vermittelte Information ist korrekt, objektiv und beinhaltet einen Sachwert.				3
9.	Die Informationsmenge ist zumutbar und überschaubar.		1		
10.	Die Sprache ist anschaulich und leicht verständlich. Fachbegriffe werden erläutert.				3
11.	Die Bilder sind passend gewählt und dienen als Unterstützung zum Textverständnis.			2	

12.	Kinder können auch ohne vorgelesen zu bekommen etwas mit dem Buch anfangen.			2	
13.	Die Inhalte sind aktuell, ohne veraltete Wortwahl und stereotype Imagevermittlung.				3
14.	Die Inhalte bieten neben der Information auch Unterhaltungswert.			2	
15.	Es gibt so viel zu entdecken, dass Kinder es auch mehrfach ansehen würden.			2	
16.	Innerhalb des Buches bestehen sinnvolle Zusammenhänge.			2	
17.	Eine Identifikationsfigur begleitet die Kinder durch das Buch.	0			
18.	Die Themenauswahl innerhalb der Reihen ist ansprechend und vielfältig.			2	
Erreichte Gesamtpunktzahl in Abschnitt II:		**24 / 36**			

III)	**Eignung für die Veranstaltungsarbeit in einer ÖB**	**0**	**1**	**2**	**3**
19.	Die Texte sind zum Vorlesen geeignet.			2	
20.	Die Inhalte bieten geeigneten Gesprächsstoff.		1		
21.	Die Themen betreffen Alltag und Umfeld von Kleinkindern.			2	
22.	Die Bücher geben einen Anstoß zum selbstständigen Forschen und Ausprobieren.	0			
23.	Interesse für weitere Befassung mit diesem/ angrenzenden Themen wird geweckt.	0			
24.	Die Bücher sind mit anderen Medien verknüpft. (Website, Hörbuch, Hörstift, etc.)	0			
Erreichte Gesamtpunktzahl in Abschnitt III:		**5 / 18**			

Gesamtpunktzahl:	**41 / 72**

0 = trifft nicht zu / 1 = trifft kaum zu / 2 = trifft eher zu / 3 = trifft komplett zu

Die Entdeckerlampe (Xenos)

Eine Doppelseite der großformatigen Bücher steht unter einem bestimmten Thema. Gezeichnete Tiere oder Gegenstände werden gezeigt und kurz beschrieben. Ein großes Suchbild ist mit einer dunklen Folie abgedeckt, sodass man nurunter Verwendung der Papiertaschenlampe etwas erkennen kann. Zu den beschriebenen Tieren gibt es Such- und Zählaufgaben. Für Folienbücher dieser Art wirkt die Reihe sehr robust.

I)	**Formale Kriterien**	**0**	**1**	**2**	**3**
1.	Eine altersgerechte Handhabung ist möglich.		1		
2.	Die Stabilität ist ausreichend für den täglichen Gebrauch in einer ÖB.			2	
3.	Die Bücher sind ästhetisch ansprechend gestaltet.		1		
4.	Es gibt zusätzliche Elemente wie Klappen, Folien, Fühlbereiche, etc.				3
5.	Das Bild-Text-Verhältnis ist angemessen.			2	
6.	Die Bücher sind übersichtlich gestaltet.		1		
Erreichte Gesamtpunktzahl in Abschnitt I:		**10 / 18**			

II)	**Inhaltliche Kriterien**	**0**	**1**	**2**	**3**
7.	Das Buch ist für die Alterszielgruppe passend und hält dies konsequent ein.			2	
8.	Die vermittelte Information ist korrekt, objektiv und beinhaltet einen Sachwert.			2	
9.	Die Informationsmenge ist zumutbar und überschaubar.				3
10.	Die Sprache ist anschaulich und leicht verständlich. Fachbegriffe werden erläutert.				3
11.	Die Bilder sind passend gewählt und dienen als Unterstützung zum Textverständnis.			2	
12.	Kinder können auch ohne vorgelesen zu bekommen etwas mit dem Buch anfangen.				3
13.	Die Inhalte sind aktuell, ohne veraltete Wortwahl und stereotype Imagevermittlung.				3
14.	Die Inhalte bieten neben der Information auch Unterhaltungswert.			2	

15.	Es gibt so viel zu entdecken, dass Kinder es auch mehrfach ansehen würden.			2	
16.	Innerhalb des Buches bestehen sinnvolle Zusammenhänge.			2	
17.	Eine Identifikationsfigur begleitet die Kinder durch das Buch.	0			
18.	Die Themenauswahl innerhalb der Reihen ist ansprechend und vielfältig.	0			
Erreichte Gesamtpunktzahl in Abschnitt II:		**24 / 36**			

III)	**Eignung für die Veranstaltungsarbeit in einer ÖB**	**0**	**1**	**2**	**3**
19.	Die Texte sind zum Vorlesen geeignet.			2	
20.	Die Inhalte bieten geeigneten Gesprächsstoff.		1		
21.	Die Themen betreffen Alltag und Umfeld von Kleinkindern.		1		
22.	Die Bücher geben einen Anstoß zum selbstständigen Forschen und Ausprobieren.				3
23.	Interesse für weitere Befassung mit diesem/ angrenzenden Themen wird geweckt.		1		
24.	Die Bücher sind mit anderen Medien verknüpft. (Website, Hörbuch, Hörstift, etc.)	0			
Erreichte Gesamtpunktzahl in Abschnitt III:		**8 / 18**			

Gesamtpunktzahl:	**42 / 72**

0 = trifft nicht zu / 1 = trifft kaum zu / 2 = trifft eher zu / 3 = trifft komplett zu

Frag doch mal...: erstes Sachwissen (CBJ)

Durch Ringbindung und vielen Klappen ist die Stabilität der Bücher bei Gebrauch in einer Öffentlichen Bibliothek etwas fragwürdig. Alles in allem sind die Bücher aber handlich zu bedienen. Jede Doppelseite wird mit einer Frage eingeleitet, zu der relativ kurze Textblöcke Informationen liefern und die bildlich dargestellten Szenerien beschreiben. Die Zeichnungen sind sehr detailliert und etwas überladen. Durch die Klappelemente gibt es noch mehr zu entdecken. Teilweise finden sich Begriffsbezeichnungen im Bild. Weitere Textblöcke, die mit einer Detailfrage eingeleitet werden und gelbe Infokästen mit Fakten sind ebenfalls vorhanden. Zusätzlich zu den Büchern existieren passende Memokarten, Suchspiele und Sticker.

I)	**Formale Kriterien**	**0**	**1**	**2**	**3**
1.	Eine altersgerechte Handhabung ist möglich.			2	
2.	Die Stabilität ist ausreichend für den täglichen Gebrauch in einer ÖB.		1		
3.	Die Bücher sind ästhetisch ansprechend gestaltet.			2	
4.	Es gibt zusätzliche Elemente wie Klappen, Folien, Fühlbereiche, etc.				3
5.	Das Bild-Text-Verhältnis ist angemessen.			2	
6.	Die Bücher sind übersichtlich gestaltet.		1		
Erreichte Gesamtpunktzahl in Abschnitt I:		**11 / 18**			

II)	**Inhaltliche Kriterien**	**0**	**1**	**2**	**3**
7.	Das Buch ist für die Alterszielgruppe passend und hält dies konsequent ein.				3
8.	Die vermittelte Information ist korrekt, objektiv und beinhaltet einen Sachwert.				3
9.	Die Informationsmenge ist zumutbar und überschaubar.			2	
10.	Die Sprache ist anschaulich und leicht verständlich. Fachbegriffe werden erläutert.				3
11.	Die Bilder sind passend gewählt und dienen als Unterstützung zum Textverständnis.				3
12.	Kinder können auch ohne vorgelesen zu bekommen etwas mit dem Buch anfangen.			2	

13.	Die Inhalte sind aktuell, ohne veraltete Wortwahl und stereotype Imagevermittlung.				3
14.	Die Inhalte bieten neben der Information auch Unterhaltungswert.			2	
15.	Es gibt so viel zu entdecken, dass Kinder es auch mehrfach ansehen würden.			2	
16.	Innerhalb des Buches bestehen sinnvolle Zusammenhänge.			2	
17.	Eine Identifikationsfigur begleitet die Kinder durch das Buch.	0			
18.	Die Themenauswahl innerhalb der Reihen ist ansprechend und vielfältig.		2		
Erreichte Gesamtpunktzahl in Abschnitt II:		**27 / 36**			

III)	**Eignung für die Veranstaltungsarbeit in einer ÖB**	**0**	**1**	**2**	**3**
19.	Die Texte sind zum Vorlesen geeignet.			2	
20.	Die Inhalte bieten geeigneten Gesprächsstoff.			2	
21.	Die Themen betreffen Alltag und Umfeld von Kleinkindern.			2	
22.	Die Bücher geben einen Anstoß zum selbstständigen Forschen und Ausprobieren.	0			
23.	Interesse für weitere Befassung mit diesem/ angrenzenden Themen wird geweckt.		1		
24.	Die Bücher sind mit anderen Medien verknüpft. (Website, Hörbuch, Hörstift, etc.)				3
Erreichte Gesamtpunktzahl in Abschnitt III:		**10/ 18**			

Gesamtpunktzahl:	**48 / 72**

0 = trifft nicht zu / 1 = trifft kaum zu / 2 = trifft eher zu / 3 = trifft komplett zu

Das große 3-D-Abenteuer (Xenos)

Durch die sich selbst entfaltenden 3-D-Seiten, stechen die Bücher dieser Reihe optisch heraus. Dabei wird auf mehreren Folienebenen eine Szene aus dem Naturreich gezeigt. Diese Szene wird im nebenstehenden Text beschrieben. Fakten- und Sachwissensvermittlung gibt es dabei allerdings weniger. Dies geschieht teilweise auf den Extraseiten, auf denen einzelne Tiere knapp beschrieben werden.

I)	**Formale Kriterien**	**0**	**1**	**2**	**3**
1.	Eine altersgerechte Handhabung ist möglich.			2	
2.	Die Stabilität ist ausreichend für den täglichen Gebrauch in einer ÖB.		1		
3.	Die Bücher sind ästhetisch ansprechend gestaltet.			2	
4.	Es gibt zusätzliche Elemente wie Klappen, Folien, Fühlbereiche, etc.				3
5.	Das Bild-Text-Verhältnis ist angemessen.			2	
6.	Die Bücher sind übersichtlich gestaltet.		1		
Erreichte Gesamtpunktzahl in Abschnitt I:		**11 / 18**			

II)	**Inhaltliche Kriterien**	**0**	**1**	**2**	**3**
7.	Das Buch ist für die Alterszielgruppe passend und hält dies konsequent ein.				3
8.	Die vermittelte Information ist korrekt, objektiv und beinhaltet einen Sachwert.		1		
9.	Die Informationsmenge ist zumutbar und überschaubar.				3
10.	Die Sprache ist anschaulich und leicht verständlich. Fachbegriffe werden erläutert.				3
11.	Die Bilder sind passend gewählt und dienen als Unterstützung zum Textverständnis.				3
12.	Kinder können auch ohne vorgelesen zu bekommen etwas mit dem Buch anfangen.			2	
13.	Die Inhalte sind aktuell, ohne veraltete Wortwahl und stereotype Imagevermittlung.				3
14.	Die Inhalte bieten neben der Information auch Unterhaltungswert.			2	

15.	Es gibt so viel zu entdecken, dass Kinder es auch mehrfach ansehen würden.		1		
16.	Innerhalb des Buches bestehen sinnvolle Zusammenhänge.	0			
17.	Eine Identifikationsfigur begleitet die Kinder durch das Buch.	0			
18.	Die Themenauswahl innerhalb der Reihen ist ansprechend und vielfältig.	0			
Erreichte Gesamtpunktzahl in Abschnitt II:		**21 / 36**			

III)	**Eignung für die Veranstaltungsarbeit in einer ÖB**	**0**	**1**	**2**	**3**
19.	Die Texte sind zum Vorlesen geeignet.			2	
20.	Die Inhalte bieten geeigneten Gesprächsstoff.		1		
21.	Die Themen betreffen Alltag und Umfeld von Kleinkindern.	0			
22.	Die Bücher geben einen Anstoß zum selbstständigen Forschen und Ausprobieren.	0			
23.	Interesse für weitere Befassung mit diesem/ angrenzenden Themen wird geweckt.		1		
24.	Die Bücher sind mit anderen Medien verknüpft. (Website, Hörbuch, Hörstift, etc.)	0			
Erreichte Gesamtpunktzahl in Abschnitt III:		**4 / 18**			

Gesamtpunktzahl:	**36 / 72**

0 = trifft nicht zu / 1 = trifft kaum zu / 2 = trifft eher zu / 3 = trifft komplett zu

Kiddilight: Mein lustiges Drehscheibenbuch (Arena)

Die stabilen Schaumstoffbücher dieser Reihe erzählen eine kurze Geschichte, welche gut zum Vorlesen geeignet ist. Dabei wird Sachwissen ganz nebenbei vermittelt. Zusätzlich gibt es auf jeder Seite eine Drehscheibe, mit der die Kinder einfache Fragen beantworten sollen. Die Bücher sind für die Jüngsten der betrachteten Zielgruppe gedacht, da es vorrangig um die Vorlesegeschichte und die Drehelemente geht, weniger aber um die Vermittlung von Sachwissen.

I)	**Formale Kriterien**	**0**	**1**	**2**	**3**
1.	Eine altersgerechte Handhabung ist möglich.				3
2.	Die Stabilität ist ausreichend für den täglichen Gebrauch in einer ÖB.				3
3.	Die Bücher sind ästhetisch ansprechend gestaltet.			2	
4.	Es gibt zusätzliche Elemente wie Klappen, Folien, Fühlbereiche, etc.				3
5.	Das Bild-Text-Verhältnis ist angemessen.				3
6.	Die Bücher sind übersichtlich gestaltet.			2	
Erreichte Gesamtpunktzahl in Abschnitt I:		**16 / 18**			

II)	**Inhaltliche Kriterien**	**0**	**1**	**2**	**3**
7.	Das Buch ist für die Alterszielgruppe passend und hält dies konsequent ein.				3
8.	Die vermittelte Information ist korrekt, objektiv und beinhaltet einen Sachwert.		1		
9.	Die Informationsmenge ist zumutbar und überschaubar.				3
10.	Die Sprache ist anschaulich und leicht verständlich. Fachbegriffe werden erläutert.				3
11.	Die Bilder sind passend gewählt und dienen als Unterstützung zum Textverständnis.				3
12.	Kinder können auch ohne vorgelesen zu bekommen etwas mit dem Buch anfangen.				3
13.	Die Inhalte sind aktuell, ohne veraltete Wortwahl und stereotype Imagevermittlung.			2	
14.	Die Inhalte bieten neben der Information auch Unterhaltungswert.				3

15.	Es gibt so viel zu entdecken, dass Kinder es auch mehrfach ansehen würden.			2	
16.	Innerhalb des Buches bestehen sinnvolle Zusammenhänge.				3
17.	Eine Identifikationsfigur begleitet die Kinder durch das Buch.	0			
18.	Die Themenauswahl innerhalb der Reihen ist ansprechend und vielfältig.	0			
Erreichte Gesamtpunktzahl in Abschnitt II:		**26 / 36**			

III)	**Eignung für die Veranstaltungsarbeit in einer ÖB**	**0**	**1**	**2**	**3**
19.	Die Texte sind zum Vorlesen geeignet.				3
20.	Die Inhalte bieten geeigneten Gesprächsstoff.		1		
21.	Die Themen betreffen Alltag und Umfeld von Kleinkindern.		1		
22.	Die Bücher geben einen Anstoß zum selbstständigen Forschen und Ausprobieren.			2	
23.	Interesse für weitere Befassung mit diesem/ angrenzenden Themen wird geweckt.		1		
24.	Die Bücher sind mit anderen Medien verknüpft. (Website, Hörbuch, Hörstift, etc.)	0			
Erreichte Gesamtpunktzahl in Abschnitt III:		**8 / 18**			

Gesamtpunktzahl:	**50 / 72**

0 = trifft nicht zu / 1 = trifft kaum zu / 2 = trifft eher zu / 3 = trifft komplett zu

Mein erstes buntes Bildwörterbuch (Carlsen)

Die Bücher sind robust, aus Pappe und haben ein kindgerechtes Format. Bisher gibt es eine kleine Titelauswahl, die sehr interessant für Kinder und ihre Umwelt ist und beim Erlernen eines schon spezifischeren Wortschatzes hilft. Auf einer Seite werden verschiedene gezeichnete Gegenstände mit jeweils einer Bildunterschrift gezeigt. Vereinzelte Klappelemente bringen Dynamik in das Lernen dieser Begriffe. Die abgebildeten Gegenstände können durch Vorlesen der Bildunterschrift erklärt und die Wörter von den Kindern wiedergegeben oder selbst erraten werden. Auf der angrenzenden Seite ist eine bildliche Szene dargestellt, in der alle besprochenen Gegenstände zu finden sind und sie in einen Kontext bringen.

I)	**Formale Kriterien**	**0**	**1**	**2**	**3**
1.	Eine altersgerechte Handhabung ist möglich.				3
2.	Die Stabilität ist ausreichend für den täglichen Gebrauch in einer ÖB.			2	
3.	Die Bücher sind ästhetisch ansprechend gestaltet.			2	
4.	Es gibt zusätzliche Elemente wie Klappen, Folien, Fühlbereiche, etc.				3
5.	Das Bild-Text-Verhältnis ist angemessen.				3
6.	Die Bücher sind übersichtlich gestaltet.		1		
Erreichte Gesamtpunktzahl in Abschnitt I:		**14 / 18**			

II)	**Inhaltliche Kriterien**	**0**	**1**	**2**	**3**
7.	Das Buch ist für die Alterszielgruppe passend und hält dies konsequent ein.			2	
8.	Die vermittelte Information ist korrekt, objektiv und beinhaltet einen Sachwert.				3
9.	Die Informationsmenge ist zumutbar und überschaubar.				3
10.	Die Sprache ist anschaulich und leicht verständlich. Fachbegriffe werden erläutert.				3
11.	Die Bilder sind passend gewählt und dienen als Unterstützung zum Textverständnis.				3
12.	Kinder können auch ohne vorgelesen zu bekommen etwas mit dem Buch anfangen.				3

13.	Die Inhalte sind aktuell, ohne veraltete Wortwahl und stereotype Imagevermittlung.				3
14.	Die Inhalte bieten neben der Information auch Unterhaltungswert.			2	
15.	Es gibt so viel zu entdecken, dass Kinder es auch mehrfach ansehen würden.			2	
16.	Innerhalb des Buches bestehen sinnvolle Zusammenhänge.		1		
17.	Eine Identifikationsfigur begleitet die Kinder durch das Buch.				3
18.	Die Themenauswahl innerhalb der Reihen ist ansprechend und vielfältig.		1		
Erreichte Gesamtpunktzahl in Abschnitt II:		**29 / 36**			

III)	**Eignung für die Veranstaltungsarbeit in einer ÖB**	**0**	**1**	**2**	**3**
19.	Die Texte sind zum Vorlesen geeignet.		1		
20.	Die Inhalte bieten geeigneten Gesprächsstoff.			2	
21.	Die Themen betreffen Alltag und Umfeld von Kleinkindern.				3
22.	Die Bücher geben einen Anstoß zum selbstständigen Forschen und Ausprobieren.		1		
23.	Interesse für weitere Befassung mit diesem/ angrenzenden Themen wird geweckt.		1		
24.	Die Bücher sind mit anderen Medien verknüpft. (Website, Hörbuch, Hörstift, etc.)	0			
Erreichte Gesamtpunktzahl in Abschnitt III:		**8 / 18**			

Gesamtpunktzahl:	**51 / 72**

0 = trifft nicht zu / 1 = trifft kaum zu / 2 = trifft eher zu / 3 = trifft komplett zu

Meyers kleine Kinderbibliothek (Bibliogr. Inst.)

Die Themenauswahl dieser Reihe ist sehr groß. Es werden auch spezifischere Interessen abgedeckt und detailliert besprochen. Die Bücher haben ein handliches Format und sind durch die Ringbindung nur mäßig stabil. Illustrationen und kurze Texte erklären Sachwissen. Durch vereinzelte Folienseiten erhalten die Kinder weitere Einblicke in das Thema. Teilweise wirken die Bücher altmodisch, unübersichtlich und nicht sehr systematisch aufgebaut.

I)	**Formale Kriterien**	**0**	**1**	**2**	**3**
1.	Eine altersgerechte Handhabung ist möglich.			2	
2.	Die Stabilität ist ausreichend für den täglichen Gebrauch in einer ÖB.		1		
3.	Die Bücher sind ästhetisch ansprechend gestaltet.			2	
4.	Es gibt zusätzliche Elemente wie Klappen, Folien, Fühlbereiche, etc.				3
5.	Das Bild-Text-Verhältnis ist angemessen.			2	
6.	Die Bücher sind übersichtlich gestaltet.	0			
Erreichte Gesamtpunktzahl in Abschnitt I:		**10 / 18**			

II)	**Inhaltliche Kriterien**	**0**	**1**	**2**	**3**
7.	Das Buch ist für die Alterszielgruppe passend und hält dies konsequent ein.				3
8.	Die vermittelte Information ist korrekt, objektiv und beinhaltet einen Sachwert.				3
9.	Die Informationsmenge ist zumutbar und überschaubar.			2	
10.	Die Sprache ist anschaulich und leicht verständlich. Fachbegriffe werden erläutert.				3
11.	Die Bilder sind passend gewählt und dienen als Unterstützung zum Textverständnis.			2	
12.	Kinder können auch ohne vorgelesen zu bekommen etwas mit dem Buch anfangen.			2	
13.	Die Inhalte sind aktuell, ohne veraltete Wortwahl und stereotype Imagevermittlung.			2	
14.	Die Inhalte bieten neben der Information auch Unterhaltungswert.			2	

15.	Es gibt so viel zu entdecken, dass Kinder es auch mehrfach ansehen würden.			2	
16.	Innerhalb des Buches bestehen sinnvolle Zusammenhänge.		1		
17.	Eine Identifikationsfigur begleitet die Kinder durch das Buch.	0			
18.	Die Themenauswahl innerhalb der Reihen ist ansprechend und vielfältig.				3
Erreichte Gesamtpunktzahl in Abschnitt II:		**25 / 36**			

III)	**Eignung für die Veranstaltungsarbeit in einer ÖB**	**0**	**1**	**2**	**3**
19.	Die Texte sind zum Vorlesen geeignet.			2	
20.	Die Inhalte bieten geeigneten Gesprächsstoff.		1		
21.	Die Themen betreffen Alltag und Umfeld von Kleinkindern.			2	
22.	Die Bücher geben einen Anstoß zum selbstständigen Forschen und Ausprobieren.	0			
23.	Interesse für weitere Befassung mit diesem/ angrenzenden Themen wird geweckt.		1		
24.	Die Bücher sind mit anderen Medien verknüpft. (Website, Hörbuch, Hörstift, etc.)	0			
Erreichte Gesamtpunktzahl in Abschnitt III:		**6 / 18**			

Gesamtpunktzahl:	**41 / 72**

0 = trifft nicht zu / 1 = trifft kaum zu / 2 = trifft eher zu / 3 = trifft komplett zu

Meyers kleine Kinderbibliothek: Licht an! (Bibliogr. Inst.)

Die kleinformatigen Bücher haben ein besonderes Foliensystem, indem einzelne bedruckte Folien vor einen schwarzen Hintergrund gelegt sind, sodass man nur im weißen Lichtkegel der beigelegten Papiertaschenlampe etwas erkennen kann. Diese Folienseiten folgen auf kurze Erklärungs-Seiten und sind wie Wimmelbilder gestaltet. Leider sind Ringbindung und die lose beigelegte Taschenlampe etwas problematisch in Öffentlichen Bibliotheken. Die Idee ist jedoch schön und bereitet Kindern Freude beim Lernen. Teilweise wirken die Bücher altmodisch, unübersichtlich und nicht sehr systematisch aufgebaut.

I)	**Formale Kriterien**	**0**	**1**	**2**	**3**
1.	Eine altersgerechte Handhabung ist möglich.		1		
2.	Die Stabilität ist ausreichend für den täglichen Gebrauch in einer ÖB.		1		
3.	Die Bücher sind ästhetisch ansprechend gestaltet.			2	
4.	Es gibt zusätzliche Elemente wie Klappen, Folien, Fühlbereiche, etc.				3
5.	Das Bild-Text-Verhältnis ist angemessen.			2	
6.	Die Bücher sind übersichtlich gestaltet.	0			
Erreichte Gesamtpunktzahl in Abschnitt I:		**9 / 18**			

II)	**Inhaltliche Kriterien**	**0**	**1**	**2**	**3**
7.	Das Buch ist für die Alterszielgruppe passend und hält dies konsequent ein.			2	
8.	Die vermittelte Information ist korrekt, objektiv und beinhaltet einen Sachwert.				3
9.	Die Informationsmenge ist zumutbar und überschaubar.			2	
10.	Die Sprache ist anschaulich und leicht verständlich. Fachbegriffe werden erläutert.				3
11.	Die Bilder sind passend gewählt und dienen als Unterstützung zum Textverständnis.			2	
12.	Kinder können auch ohne vorgelesen zu bekommen etwas mit dem Buch anfangen.			2	
13.	Die Inhalte sind aktuell, ohne veraltete Wortwahl und stereotype Imagevermittlung.			2	

14.	Die Inhalte bieten neben der Information auch Unterhaltungswert.			2	
15.	Es gibt so viel zu entdecken, dass Kinder es auch mehrfach ansehen würden.			2	
16.	Innerhalb des Buches bestehen sinnvolle Zusammenhänge		1		
17.	Eine Identifikationsfigur begleitet die Kinder durch das Buch.	0			
18.	Die Themenauswahl innerhalb der Reihen ist ansprechend und vielfältig.				3
Erreichte Gesamtpunktzahl in Abschnitt II:		**24 / 36**			

III)	**Eignung für die Veranstaltungsarbeit in einer ÖB**	**0**	**1**	**2**	**3**
19.	Die Texte sind zum Vorlesen geeignet.			2	
20.	Die Inhalte bieten geeigneten Gesprächsstoff.		1		
21.	Die Themen betreffen Alltag und Umfeld von Kleinkindern.			2	
22.	Die Bücher geben einen Anstoß zum selbstständigen Forschen und Ausprobieren.			2	
23.	Interesse für weitere Befassung mit diesem/ angrenzenden Themen wird geweckt.		1		
24.	Die Bücher sind mit anderen Medien verknüpft. (Website, Hörbuch, Hörstift, etc.)	0			
Erreichte Gesamtpunktzahl in Abschnitt III:		**8 / 18**			

Gesamtpunktzahl:	**41 / 72**

0 = trifft nicht zu / 1 = trifft kaum zu / 2 = trifft eher zu / 3 = trifft komplett zu

Miniwelt / Klappenbuch (Tessloff)

Die handlichen, robusten Bücher erzählen eine kurze Geschichte, welche durch kindgerechte Bilder aufgelockert wird. Klappen sorgen für Interaktivität. Gut zum Vorlesen geeignet. Für den jüngsten Teil der betrachteten Zielgruppe sinnvoll.

I)	Formale Kriterien	0	1	2	3
1.	Eine altersgerechte Handhabung ist möglich.				3
2.	Die Stabilität ist ausreichend für den täglichen Gebrauch in einer ÖB.			2	
3.	Die Bücher sind ästhetisch ansprechend gestaltet.			2	
4.	Es gibt zusätzliche Elemente wie Klappen, Folien, Fühlbereiche, etc.				3
5.	Das Bild-Text-Verhältnis ist angemessen.			2	
6.	Die Bücher sind übersichtlich gestaltet.		1		
Erreichte Gesamtpunktzahl in Abschnitt I:		**13 / 18**			

II)	Inhaltliche Kriterien	0	1	2	3
7.	Das Buch ist für die Alterszielgruppe passend und hält dies konsequent ein.			2	
8.	Die vermittelte Information ist korrekt, objektiv und beinhaltet einen Sachwert.		1		
9.	Die Informationsmenge ist zumutbar und überschaubar.				3
10.	Die Sprache ist anschaulich und leicht verständlich. Fachbegriffe werden erläutert.				3
11.	Die Bilder sind passend gewählt und dienen als Unterstützung zum Textverständnis.			2	
12.	Kinder können auch ohne vorgelesen zu bekommen etwas mit dem Buch anfangen.		1		
13.	Die Inhalte sind aktuell, ohne veraltete Wortwahl und stereotype Imagevermittlung.				3
14.	Die Inhalte bieten neben der Information auch Unterhaltungswert.				3
15.	Es gibt so viel zu entdecken, dass Kinder es auch mehrfach ansehen würden.		1		

16.	Innerhalb des Buches bestehen sinnvolle Zusammenhänge.				3
17.	Eine Identifikationsfigur begleitet die Kinder durch das Buch.				3
18.	Die Themenauswahl innerhalb der Reihen ist ansprechend und vielfältig.	0			
Erreichte Gesamtpunktzahl in Abschnitt II:		**25 / 36**			

III)	**Eignung für die Veranstaltungsarbeit in einer ÖB**	**0**	**1**	**2**	**3**
19.	Die Texte sind zum Vorlesen geeignet.				3
20.	Die Inhalte bieten geeigneten Gesprächsstoff.			2	
21.	Die Themen betreffen Alltag und Umfeld von Kleinkindern.				3
22.	Die Bücher geben einen Anstoß zum selbstständigen Forschen und Ausprobieren.		1		
23.	Interesse für weitere Befassung mit diesem/ angrenzenden Themen wird geweckt.	0			
24.	Die Bücher sind mit anderen Medien verknüpft. (Website, Hörbuch, Hörstift, etc.)	0			
Erreichte Gesamtpunktzahl in Abschnitt III:		**9 / 18**			

Gesamtpunktzahl:	**47 / 72**

0 = trifft nicht zu / 1 = trifft kaum zu / 2 = trifft eher zu / 3 = trifft komplett zu

Schritt für Schritt erklärt (Carlsen)

Die großformatigen Bücher erklären komplexe Vorgänge in logischen Schritten und machen Zusammenhänge ersichtlich. Dazu wird eine Sachgeschichte erzählt, welche mit Infotexten und detaillierten Illustrationen untermauert ist. Durch den Erzählstrang im gesamten Buch kann das Wissen einfach durch Vorlesen vermittelt werden. Dank der vielen Klappen können die Kinder aber auch aktiv mitlernen. Teilweise werden Fragen gestellt und Anleitungen zu eigenem Handeln gegeben. Die Themenauswahl innerhalb der Reihe ist interessant und weicht von den typischen Standardthemen ab.

I)	**Formale Kriterien**	**0**	**1**	**2**	**3**
1.	Eine altersgerechte Handhabung ist möglich.			2	
2.	Die Stabilität ist ausreichend für den täglichen Gebrauch in einer ÖB.			2	
3.	Die Bücher sind ästhetisch ansprechend gestaltet.			2	
4.	Es gibt zusätzliche Elemente wie Klappen, Folien, Fühlbereiche, etc.				3
5.	Das Bild-Text-Verhältnis ist angemessen.			2	
6.	Die Bücher sind übersichtlich gestaltet.			2	
Erreichte Gesamtpunktzahl in Abschnitt I:		**13 / 18**			

II)	**Inhaltliche Kriterien**	**0**	**1**	**2**	**3**
7.	Das Buch ist für die Alterszielgruppe passend und hält dies konsequent ein.				3
8.	Die vermittelte Information ist korrekt, objektiv und beinhaltet einen Sachwert.				3
9.	Die Informationsmenge ist zumutbar und überschaubar.			2	
10.	Die Sprache ist anschaulich und leicht verständlich. Fachbegriffe werden erläutert.				3
11.	Die Bilder sind passend gewählt und dienen als Unterstützung zum Textverständnis.				3
12.	Kinder können auch ohne vorgelesen zu bekommen etwas mit dem Buch anfangen.			2	
13.	Die Inhalte sind aktuell, ohne veraltete Wortwahl und stereotype Imagevermittlung.				3

14.	Die Inhalte bieten neben der Information auch Unterhaltungswert.				3
15.	Es gibt so viel zu entdecken, dass Kinder es auch mehrfach ansehen würden.			2	
16.	Innerhalb des Buches bestehen sinnvolle Zusammenhänge.				3
17.	Eine Identifikationsfigur begleitet die Kinder durch das Buch.				3
18.	Die Themenauswahl innerhalb der Reihen ist ansprechend und vielfältig.				3
Erreichte Gesamtpunktzahl in Abschnitt II:		**33 / 36**			

III)	**Eignung für die Veranstaltungsarbeit in einer ÖB**	**0**	**1**	**2**	**3**
19.	Die Texte sind zum Vorlesen geeignet.				3
20.	Die Inhalte bieten geeigneten Gesprächsstoff.				3
21.	Die Themen betreffen Alltag und Umfeld von Kleinkindern.			2	
22.	Die Bücher geben einen Anstoß zum selbstständigen Forschen und Ausprobieren.			2	
23.	Interesse für weitere Befassung mit diesem/ angrenzenden Themen wird geweckt.			2	
24.	Die Bücher sind mit anderen Medien verknüpft. (Website, Hörbuch, Hörstift, etc.)	0			
Erreichte Gesamtpunktzahl in Abschnitt III:		**12 / 18**			

Gesamtpunktzahl:	**58 / 72**

0 = trifft nicht zu / 1 = trifft kaum zu / 2 = trifft eher zu / 3 = trifft komplett zu

Was ist Was / Junior (Tessloff)

In großen, recht umfangreichen Büchern werden die unterschiedlichen Themen detailliert erklärt. Klappenelemente zeigen komplexe Vorgänge und verdeutlichen Zusammenhänge. Ein Inhaltsverzeichnis schafft Überblick und führt zu den Seiten, die mit einer Überschrift eingeleitet werden. Es folgt ein Erklärungs-Text mit erzählendem Charakter und Identifikationsfiguren. In den Illustrationen gibt es weitere, geschriebene Erläuterungen und so einiges zu entdecken. Infokästen, Rätselboxen und Suchaufgaben regen zum interaktiven Mitmachen an und verstärken die Lernerfahrung. Mit dieser Reihe erscheinen außerdem Hörspiele, Mitmachhefte und Ting-Bücher.

I)	**Formale Kriterien**	**0**	**1**	**2**	**3**
1.	Eine altersgerechte Handhabung ist möglich.			2	
2.	Die Stabilität ist ausreichend für den täglichen Gebrauch in einer ÖB.			2	
3.	Die Bücher sind ästhetisch ansprechend gestaltet.			2	
4.	Es gibt zusätzliche Elemente wie Klappen, Folien, Fühlbereiche, etc.				3
5.	Das Bild-Text-Verhältnis ist angemessen.			2	
6.	Die Bücher sind übersichtlich gestaltet.			2	
Erreichte Gesamtpunktzahl in Abschnitt I:		**13 / 18**			

II)	**Inhaltliche Kriterien**	**0**	**1**	**2**	**3**
7.	Das Buch ist für die Alterszielgruppe passend und hält dies konsequent ein.			2	
8.	Die vermittelte Information ist korrekt, objektiv und beinhaltet einen Sachwert.				3
9.	Die Informationsmenge ist zumutbar und überschaubar.			2	
10.	Die Sprache ist anschaulich und leicht verständlich. Fachbegriffe werden erläutert.				3
11.	Die Bilder sind passend gewählt und dienen als Unterstützung zum Textverständnis.				3
12.	Kinder können auch ohne vorgelesen zu bekommen etwas mit dem Buch anfangen.		1		
13.	Die Inhalte sind aktuell, ohne veraltete Wortwahl und stereotype Imagevermittlung.				3

14.	Die Inhalte bieten neben der Information auch Unterhaltungswert.			2	
15.	Es gibt so viel zu entdecken, dass Kinder es auch mehrfach ansehen würden.				3
16.	Innerhalb des Buches bestehen sinnvolle Zusammenhänge.			2	
17.	Eine Identifikationsfigur begleitet die Kinder durch das Buch.				3
18.	Die Themenauswahl innerhalb der Reihen ist ansprechend und vielfältig.				3
Erreichte Gesamtpunktzahl in Abschnitt II:		**30 / 36**			

III)	**Eignung für die Veranstaltungsarbeit in einer ÖB**	**0**	**1**	**2**	**3**
19.	Die Texte sind zum Vorlesen geeignet.				3
20.	Die Inhalte bieten geeigneten Gesprächsstoff.			2	
21.	Die Themen betreffen Alltag und Umfeld von Kleinkindern.			2	
22.	Die Bücher geben einen Anstoß zum selbstständigen Forschen und Ausprobieren.				3
23.	Interesse für weitere Befassung mit diesem/ angrenzenden Themen wird geweckt.			2	
24.	Die Bücher sind mit anderen Medien verknüpft. (Website, Hörbuch, Hörstift, etc.)				3
Erreichte Gesamtpunktzahl in Abschnitt III:		**15 / 18**			

Gesamtpunktzahl:	**58 / 72**

0 = trifft nicht zu / 1 = trifft kaum zu / 2 = trifft eher zu / 3 = trifft komplett zu

Wieso? Weshalb? Warum? (Ravensburger)

Ringbindung und Klappelemente machen die großformatigen Bücher etwas instabil. Die Themenauswahl ist riesig und wir noch durch Spiele, Tiptoi-Stifte und Malbücher ergänzt. Jede Seite steht unter einer Überschrift, zu denen längere, aber kindgerechte Erklärungen folgen. Durch die geeignete Sprachwahl werden so auch komplexe Themen gut vermittelt. Illustrationen und Klappen unterstützen die Lernerfahrung. Am Ende findet sich ein kleines Glossar, in dem Fachbegriffe noch einmal erläutert werden.

I)	**Formale Kriterien**	**0**	**1**	**2**	**3**
1.	Eine altersgerechte Handhabung ist möglich.			2	
2.	Die Stabilität ist ausreichend für den täglichen Gebrauch in einer ÖB.		1		
3.	Die Bücher sind ästhetisch ansprechend gestaltet.			2	
4.	Es gibt zusätzliche Elemente wie Klappen, Folien, Fühlbereiche, etc.				3
5.	Das Bild-Text-Verhältnis ist angemessen.		1		
6.	Die Bücher sind übersichtlich gestaltet.		1		
Erreichte Gesamtpunktzahl in Abschnitt I:		**10 / 18**			

II)	**Inhaltliche Kriterien**	**0**	**1**	**2**	**3**
7.	Das Buch ist für die Alterszielgruppe passend und hält dies konsequent ein.			2	
8.	Die vermittelte Information ist korrekt, objektiv und beinhaltet einen Sachwert.				3
9.	Die Informationsmenge ist zumutbar und überschaubar.			2	
10.	Die Sprache ist anschaulich und leicht verständlich. Fachbegriffe werden erläutert.				3
11.	Die Bilder sind passend gewählt und dienen als Unterstützung zum Textverständnis.				3
12.	Kinder können auch ohne vorgelesen zu bekommen etwas mit dem Buch anfangen.		1		
13.	Die Inhalte sind aktuell, ohne veraltete Wortwahl und stereotype Imagevermittlung.				3
14.	Die Inhalte bieten neben der Information auch Unterhaltungswert.		1		

15.	Es gibt so viel zu entdecken, dass Kinder es auch mehrfach ansehen würden.			2	
16.	Innerhalb des Buches bestehen sinnvolle Zusammenhänge.				3
17.	Eine Identifikationsfigur begleitet die Kinder durch das Buch.	0			
18.	Die Themenauswahl innerhalb der Reihen ist ansprechend und vielfältig.				3
Erreichte Gesamtpunktzahl in Abschnitt II:		**26 / 36**			

III)	**Eignung für die Veranstaltungsarbeit in einer ÖB**	**0**	**1**	**2**	**3**
19.	Die Texte sind zum Vorlesen geeignet.			2	
20.	Die Inhalte bieten geeigneten Gesprächsstoff.			2	
21.	Die Themen betreffen Alltag und Umfeld von Kleinkindern.			2	
22.	Die Bücher geben einen Anstoß zum selbstständigen Forschen und Ausprobieren.	0			
23.	Interesse für weitere Befassung mit diesem/ angrenzenden Themen wird geweckt.		1		
24.	Die Bücher sind mit anderen Medien verknüpft. (Website, Hörbuch, Hörstift, etc.)				3
Erreichte Gesamtpunktzahl in Abschnitt III:		**10 / 18**			

Gesamtpunktzahl:	**46 / 72**

0 = trifft nicht zu / 1 = trifft kaum zu / 2 = trifft eher zu / 3 = trifft komplett zu

Wieso? Weshalb? Warum? / Junior (Ravensburger)

Die Reihe erscheint in handlichem Format, ist jedoch wegen der Ringbindung und den vielen Klappelementen bei täglichem Gebrauch nur mäßig stabil. Die Themenauswahl ist mit über 50 Titeln riesig und hält für jedes Interesse etwas bereit. Seiten oder Doppelseiten werden mit einer Frageüberschrift eingeleitet. In kurzen, einfachen Texten werden Sachverhalte erklärt. Zur Unterstützung dienen detaillierte, kindgerechte Zeichnungen und Klappenelemente. Zu einigen dieser Szenen gibt es noch zusätzliche Erklärungs-Sätze. Immer wieder werden Fragen gestellt, welche die Kinder zu eigenen Meinungen und Überlegungen animieren.

I)	**Formale Kriterien**	**0**	**1**	**2**	**3**
1.	Eine altersgerechte Handhabung ist möglich.			2	
2.	Die Stabilität ist ausreichend für den täglichen Gebrauch in einer ÖB.		1		
3.	Die Bücher sind ästhetisch ansprechend gestaltet.			2	
4.	Es gibt zusätzliche Elemente wie Klappen, Folien, Fühlbereiche, etc.				3
5.	Das Bild-Text-Verhältnis ist angemessen.			2	
6.	Die Bücher sind übersichtlich gestaltet.		1		
Erreichte Gesamtpunktzahl in Abschnitt I:		**11 / 18**			

II)	**Inhaltliche Kriterien**	**0**	**1**	**2**	**3**
7.	Das Buch ist für die Alterszielgruppe passend und hält dies konsequent ein.				3
8.	Die vermittelte Information ist korrekt, objektiv und beinhaltet einen Sachwert.				3
9.	Die Informationsmenge ist zumutbar und überschaubar.				3
10.	Die Sprache ist anschaulich und leicht verständlich. Fachbegriffe werden erläutert.				3
11.	Die Bilder sind passend gewählt und dienen als Unterstützung zum Textverständnis.				3
12.	Kinder können auch ohne vorgelesen zu bekommen etwas mit dem Buch anfangen.			2	
13.	Die Inhalte sind aktuell, ohne veraltete Wortwahl und stereotype Imagevermittlung.				3

14.	Die Inhalte bieten neben der Information auch Unterhaltungswert.			2	
15.	Es gibt so viel zu entdecken, dass Kinder es auch mehrfach ansehen würden.			2	
16.	Innerhalb des Buches bestehen sinnvolle Zusammenhänge.		1		
17.	Eine Identifikationsfigur begleitet die Kinder durch das Buch.				3
18.	Die Themenauswahl innerhalb der Reihen ist ansprechend und vielfältig.				3
Erreichte Gesamtpunktzahl in Abschnitt II:		**31 / 36**			

III)	**Eignung für die Veranstaltungsarbeit in einer ÖB**	**0**	**1**	**2**	**3**
19.	Die Texte sind zum Vorlesen geeignet.			2	
20.	Die Inhalte bieten geeigneten Gesprächsstoff.				3
21.	Die Themen betreffen Alltag und Umfeld von Kleinkindern.				3
22.	Die Bücher geben einen Anstoß zum selbstständigen Forschen und Ausprobieren.		1		
23.	Interesse für weitere Befassung mit diesem/ angrenzenden Themen wird geweckt.		1		
24.	Die Bücher sind mit anderen Medien verknüpft. (Website, Hörbuch, Hörstift, etc.)	0			
Erreichte Gesamtpunktzahl in Abschnitt III:		**10 / 18**			

Gesamtpunktzahl:	**52 / 72**

0 = trifft nicht zu / 1 = trifft kaum zu / 2 = trifft eher zu / 3 = trifft komplett zu

Anlage 8: Auswertungsbögen aller Sachbuchreihen der Kategorie „Lernen mit allen Sinnen“ (alphabetisch nach Reihentitel)

Hör mal (Carlsen)

Die handlichen Pappbücher wirken sehr robust. Auf einer Doppelseite wird in einem kurzen Textabschnitt ein Tier, Gegenstand, oder eine Szenerie beschrieben und das dazugehörige Geräusch. Eine ganzseitige Illustration zeigt, was gemeint ist. Wenn der gekennzeichnete Touch-Punkt berührt wird, erkling das passende Geräusch. Zum Schluss wird dazu aufgefordert, die neu gelernten Geräusche nachzumachen. Die Sounds sind authentisch und die Bücher wirken im Vergleich zu anderen dieser Kategorie recht liebevoll gestaltet.

I)	**Formale Kriterien**	**0**	**1**	**2**	**3**
1.	Eine altersgerechte Handhabung ist möglich.			2	
2.	Die Stabilität ist ausreichend für den täglichen Gebrauch in einer ÖB.				3
3.	Die Bücher sind ästhetisch ansprechend gestaltet.			2	
4.	Es gibt zusätzliche Elemente wie Klappen, Folien, Fühlbereiche, etc.				3
5.	Das Bild-Text-Verhältnis ist angemessen.			2	
6.	Die Bücher sind übersichtlich gestaltet.		1		
Erreichte Gesamtpunktzahl in Abschnitt I:		**13 / 18**			

II)	**Inhaltliche Kriterien**	**0**	**1**	**2**	**3**
7.	Das Buch ist für die Alterszielgruppe passend und hält dies konsequent ein.			2	
8.	Die vermittelte Information ist korrekt, objektiv und beinhaltet einen Sachwert.				3
9.	Die Informationsmenge ist zumutbar und überschaubar.				3
10.	Die Sprache ist anschaulich und leicht verständlich. Fachbegriffe werden erläutert.				3
11.	Die Bilder sind passend gewählt und dienen als Unterstützung zum Textverständnis.				3

12.	Kinder können auch ohne vorgelesen zu bekommen etwas mit dem Buch anfangen.				3
13.	Die Inhalte sind aktuell, ohne veraltete Wortwahl und stereotype Imagevermittlung.				3
14.	Die Inhalte bieten neben der Information auch Unterhaltungswert.			2	
15.	Es gibt so viel zu entdecken, dass Kinder es auch mehrfach ansehen würden.			2	
16.	Innerhalb des Buches bestehen sinnvolle Zusammenhänge.		1		
17.	Eine Identifikationsfigur begleitet die Kinder durch das Buch.	0			
18.	Die Themenauswahl innerhalb der Reihen ist ansprechend und vielfältig.		1		
Erreichte Gesamtpunktzahl in Abschnitt II:		**26 / 36**			

III)	**Eignung für die Veranstaltungsarbeit in einer ÖB**	**0**	**1**	**2**	**3**
19.	Die Texte sind zum Vorlesen geeignet.			2	
20.	Die Inhalte bieten geeigneten Gesprächsstoff.		1		
21.	Die Themen betreffen Alltag und Umfeld von Kleinkindern.		1		
22.	Die Bücher geben einen Anstoß zum selbstständigen Forschen und Ausprobieren.			2	
23.	Interesse für weitere Befassung mit diesem/ angrenzenden Themen wird geweckt.		1		
24.	Die Bücher sind mit anderen Medien verknüpft. (Website, Hörbuch, Hörstift, etc.)	0			
Erreichte Gesamtpunktzahl in Abschnitt III:		**7 / 18**			

Gesamtpunktzahl:	**46 / 72**

0 = trifft nicht zu / 1 = trifft kaum zu / 2 = trifft eher zu / 3 = trifft komplett zu

Klang-Klappenbuch (DK)

Stabile Pappbilderbücher mit vielen Klappen, die teilweise Geräusche auslösen. Der Klangmechanismus ist dabei allerdings dicker als das Buch selbst. Die collagenartigen Illustrationen ergeben ein schönes Design. Ein Reim pro Doppelseite, Bildunterschriften zu abgebildeten Motiven, Geräusche und Fragen, die durch öffnen der Klappen beantwortet werden sorgen für eine abwechslungsreiche Lernerfahrung.

I)	**Formale Kriterien**	**0**	**1**	**2**	**3**
1.	Eine altersgerechte Handhabung ist möglich.			2	
2.	Die Stabilität ist ausreichend für den täglichen Gebrauch in einer ÖB.		1		
3.	Die Bücher sind ästhetisch ansprechend gestaltet.				3
4.	Es gibt zusätzliche Elemente wie Klappen, Folien, Fühlbereiche, etc.				3
5.	Das Bild-Text-Verhältnis ist angemessen.			2	
6.	Die Bücher sind übersichtlich gestaltet.	0			
Erreichte Gesamtpunktzahl in Abschnitt I:		**11 / 18**			

II)	**Inhaltliche Kriterien**	**0**	**1**	**2**	**3**
7.	Das Buch ist für die Alterszielgruppe passend und hält dies konsequent ein.		1		
8.	Die vermittelte Information ist korrekt, objektiv und beinhaltet einen Sachwert.			2	
9.	Die Informationsmenge ist zumutbar und überschaubar.				3
10.	Die Sprache ist anschaulich und leicht verständlich. Fachbegriffe werden erläutert.			2	
11.	Die Bilder sind passend gewählt und dienen als Unterstützung zum Textverständnis.		1		
12.	Kinder können auch ohne vorgelesen zu bekommen etwas mit dem Buch anfangen.			2	
13.	Die Inhalte sind aktuell, ohne veraltete Wortwahl und stereotype Imagevermittlung.			2	
14.	Die Inhalte bieten neben der Information auch Unterhaltungswert.				3

15.	Es gibt so viel zu entdecken, dass Kinder es auch mehrfach ansehen würden.				3
16.	Innerhalb des Buches bestehen sinnvolle Zusammenhänge.		1		
17.	Eine Identifikationsfigur begleitet die Kinder durch das Buch.	0			
18.	Die Themenauswahl innerhalb der Reihen ist ansprechend und vielfältig.		1		
Erreichte Gesamtpunktzahl in Abschnitt II:		**21 / 36**			

III)	**Eignung für die Veranstaltungsarbeit in einer ÖB**	**0**	**1**	**2**	**3**
19.	Die Texte sind zum Vorlesen geeignet.				3
20.	Die Inhalte bieten geeigneten Gesprächsstoff.			2	
21.	Die Themen betreffen Alltag und Umfeld von Kleinkindern.			2	
22.	Die Bücher geben einen Anstoß zum selbstständigen Forschen und Ausprobieren.	0			
23.	Interesse für weitere Befassung mit diesem/ angrenzenden Themen wird geweckt.	0			
24.	Die Bücher sind mit anderen Medien verknüpft. (Website, Hörbuch, Hörstift, etc.)	0			
Erreichte Gesamtpunktzahl in Abschnitt III:		**7 / 18**			

Gesamtpunktzahl:	**39 / 72**

0 = trifft nicht zu / 1 = trifft kaum zu / 2 = trifft eher zu / 3 = trifft komplett zu

Mein Natur Fühlbuch (Ravensburger)

Die Bücher dieser Reihe wirken etwas überladen und unstrukturiert. Kurze Erklärungs-Texte beschreiben Fakten, die jedoch zusammenhangslos aufeinander folgen. Auf sehr vollen, bunten Bildern gibt es Begriffsbeschreibungen. Im Text beschriebene Vorgänge werden aber meist nicht ausreichend bildlich unterstützt. Die Klappen tragen nur noch mehr zur Unübersichtlichkeit des Buches bei und die Fühlelemente sind meist wenig authentisch.

I)	**Formale Kriterien**	**0**	**1**	**2**	**3**
1.	Eine altersgerechte Handhabung ist möglich.			2	
2.	Die Stabilität ist ausreichend für den täglichen Gebrauch in einer ÖB.			2	
3.	Die Bücher sind ästhetisch ansprechend gestaltet.			2	
4.	Es gibt zusätzliche Elemente wie Klappen, Folien, Fühlbereiche, etc.				3
5.	Das Bild-Text-Verhältnis ist angemessen.			2	
6.	Die Bücher sind übersichtlich gestaltet.	0			
Erreichte Gesamtpunktzahl in Abschnitt I:		**11 / 18**			

II)	**Inhaltliche Kriterien**	**0**	**1**	**2**	**3**
7.	Das Buch ist für die Alterszielgruppe passend und hält dies konsequent ein.				3
8.	Die vermittelte Information ist korrekt, objektiv und beinhaltet einen Sachwert.				3
9.	Die Informationsmenge ist zumutbar und überschaubar.				3
10.	Die Sprache ist anschaulich und leicht verständlich. Fachbegriffe werden erläutert.				3
11.	Die Bilder sind passend gewählt und dienen als Unterstützung zum Textverständnis.		1		
12.	Kinder können auch ohne vorgelesen zu bekommen etwas mit dem Buch anfangen.			2	
13.	Die Inhalte sind aktuell, ohne veraltete Wortwahl und stereotype Imagevermittlung.			2	
14.	Die Inhalte bieten neben der Information auch Unterhaltungswert.			2	

15.	Es gibt so viel zu entdecken, dass Kinder es auch mehrfach ansehen würden.			2	
16.	Innerhalb des Buches bestehen sinnvolle Zusammenhänge.	0			
17.	Eine Identifikationsfigur begleitet die Kinder durch das Buch.	0			
18.	Die Themenauswahl innerhalb der Reihen ist ansprechend und vielfältig.	0			
Erreichte Gesamtpunktzahl in Abschnitt II:		**21 / 36**			

III)	**Eignung für die Veranstaltungsarbeit in einer ÖB**	**0**	**1**	**2**	**3**
19.	Die Texte sind zum Vorlesen geeignet.			2	
20.	Die Inhalte bieten geeigneten Gesprächsstoff.		1		
21.	Die Themen betreffen Alltag und Umfeld von Kleinkindern.		1		
22.	Die Bücher geben einen Anstoß zum selbstständigen Forschen und Ausprobieren.	0			
23.	Interesse für weitere Befassung mit diesem/ angrenzenden Themen wird geweckt.		1		
24.	Die Bücher sind mit anderen Medien verknüpft. (Website, Hörbuch, Hörstift, etc.)	0			
Erreichte Gesamtpunktzahl in Abschnitt III:		**5 / 18**			

Gesamtpunktzahl:	**37 / 72**

0 = trifft nicht zu / 1 = trifft kaum zu / 2 = trifft eher zu / 3 = trifft komplett zu

Miniwelt / Kleines Puzzlebuch (Tessloff)

In kleinen, handlichen Pappbüchern wird pro Seite ein Gegenstand gezeigt und es gibt eine Bildunterschrift mit Begriffsbezeichnung. Die Besonderheit hier sind die Puzzleelemente zum Herausnehmen und Wiedereinsetzen. Aufgrund dieser losen Teile ist der Gebrauch in einer Öffentlichen Bibliothek schwierig. Außerdem sind die Bücher an der Zielgruppe vorbei und für jüngere Kinder gedacht.

I)	**Formale Kriterien**	**0**	**1**	**2**	**3**
1.	Eine altersgerechte Handhabung ist möglich.				3
2.	Die Stabilität ist ausreichend für den täglichen Gebrauch in einer ÖB.		1		
3.	Die Bücher sind ästhetisch ansprechend gestaltet.			2	
4.	Es gibt zusätzliche Elemente wie Klappen, Folien, Fühlbereiche, etc.				3
5.	Das Bild-Text-Verhältnis ist angemessen.				3
6.	Die Bücher sind übersichtlich gestaltet.	0			
Erreichte Gesamtpunktzahl in Abschnitt I:		**12 / 18**			

II)	**Inhaltliche Kriterien**	**0**	**1**	**2**	**3**
7.	Das Buch ist für die Alterszielgruppe passend und hält dies konsequent ein.		1		
8.	Die vermittelte Information ist korrekt, objektiv und beinhaltet einen Sachwert.		1		
9.	Die Informationsmenge ist zumutbar und überschaubar.				3
10.	Die Sprache ist anschaulich und leicht verständlich. Fachbegriffe werden erläutert.				3
11.	Die Bilder sind passend gewählt und dienen als Unterstützung zum Textverständnis.				3
12.	Kinder können auch ohne vorgelesen zu bekommen etwas mit dem Buch anfangen.				3
13.	Die Inhalte sind aktuell, ohne veraltete Wortwahl und stereotype Imagevermittlung.				3
14.	Die Inhalte bieten neben der Information auch Unterhaltungswert.			2	

15.	Es gibt so viel zu entdecken, dass Kinder es auch mehrfach ansehen würden.		1		
16.	Innerhalb des Buches bestehen sinnvolle Zusammenhänge.	0			
17.	Eine Identifikationsfigur begleitet die Kinder durch das Buch.	0			
18.	Die Themenauswahl innerhalb der Reihen ist ansprechend und vielfältig.	0			
Erreichte Gesamtpunktzahl in Abschnitt II:		**20 / 36**			

III)	**Eignung für die Veranstaltungsarbeit in einer ÖB**	**0**	**1**	**2**	**3**
19.	Die Texte sind zum Vorlesen geeignet.	0			
20.	Die Inhalte bieten geeigneten Gesprächsstoff.	0			
21.	Die Themen betreffen Alltag und Umfeld von Kleinkindern.			2	
22.	Die Bücher geben einen Anstoß zum selbstständigen Forschen und Ausprobieren.			2	
23.	Interesse für weitere Befassung mit diesem/ angrenzenden Themen wird geweckt.	0			
24.	Die Bücher sind mit anderen Medien verknüpft. (Website, Hörbuch, Hörstift, etc.)	0			
Erreichte Gesamtpunktzahl in Abschnitt III:		**4 / 18**			

Gesamtpunktzahl:	**36 / 72**

0 = trifft nicht zu / 1 = trifft kaum zu / 2 = trifft eher zu / 3 = trifft komplett zu

Miniwelt / Mein Fühlbuch (Tessloff)

Die kleinformatigen Pappbücher sind sehr robust. Auf jeder Doppelseite sind ein kurzer Text und ein Bild, inklusive Fühlelement. Die Bücher vermitteln allerdings kein konkretes Sachwissen und sind eher für jüngere Kinder gedacht.

I)	**Formale Kriterien**	**0**	**1**	**2**	**3**
1.	Eine altersgerechte Handhabung ist möglich.				3
2.	Die Stabilität ist ausreichend für den täglichen Gebrauch in einer ÖB.				3
3.	Die Bücher sind ästhetisch ansprechend gestaltet.			2	
4.	Es gibt zusätzliche Elemente wie Klappen, Folien, Fühlbereiche, etc.				3
5.	Das Bild-Text-Verhältnis ist angemessen.				3
6.	Die Bücher sind übersichtlich gestaltet.	0			
Erreichte Gesamtpunktzahl in Abschnitt I:		**14 / 18**			

II)	**Inhaltliche Kriterien**	**0**	**1**	**2**	**3**
7.	Das Buch ist für die Alterszielgruppe passend und hält dies konsequent ein.		1		
8.	Die vermittelte Information ist korrekt, objektiv und beinhaltet einen Sachwert.		1		
9.	Die Informationsmenge ist zumutbar und überschaubar.				3
10.	Die Sprache ist anschaulich und leicht verständlich. Fachbegriffe werden erläutert.				3
11.	Die Bilder sind passend gewählt und dienen als Unterstützung zum Textverständnis.				3
12.	Kinder können auch ohne vorgelesen zu bekommen etwas mit dem Buch anfangen.				3
13.	Die Inhalte sind aktuell, ohne veraltete Wortwahl und stereotype Imagevermittlung.			2	
14.	Die Inhalte bieten neben der Information auch Unterhaltungswert.			2	
15.	Es gibt so viel zu entdecken, dass Kinder es auch mehrfach ansehen würden.	0			

16.	Innerhalb des Buches bestehen sinnvolle Zusammenhänge.		1		
17.	Eine Identifikationsfigur begleitet die Kinder durch das Buch.	0			
18.	Die Themenauswahl innerhalb der Reihen ist ansprechend und vielfältig.	0			
Erreichte Gesamtpunktzahl in Abschnitt II:		**19 / 36**			

III)	**Eignung für die Veranstaltungsarbeit in einer ÖB**	**0**	**1**	**2**	**3**
19.	Die Texte sind zum Vorlesen geeignet.		1		
20.	Die Inhalte bieten geeigneten Gesprächsstoff.	0			
21.	Die Themen betreffen Alltag und Umfeld von Kleinkindern.		1		
22.	Die Bücher geben einen Anstoß zum selbstständigen Forschen und Ausprobieren.	0			
23.	Interesse für weitere Befassung mit diesem/ angrenzenden Themen wird geweckt.	0			
24.	Die Bücher sind mit anderen Medien verknüpft. (Website, Hörbuch, Hörstift, etc.)	0			
Erreichte Gesamtpunktzahl in Abschnitt III:		**2 / 18**			

Gesamtpunktzahl:	**35 / 72**

0 = trifft nicht zu / 1 = trifft kaum zu / 2 = trifft eher zu / 3 = trifft komplett zu

Riech mal (Carlsen)

Die handlichen Pappbücher wirken sehr robust. Auf einer Doppelseite wird in einem kurzen Textabschnitt eine Szenerie beschrieben und der Geruch eines dazu passenden Gegenstandes. Eine ganzseitige Illustration bildet die beschriebene Szene ab. Wenn man mit dem Finger über den gekennzeichneten Gegenstand fährt, kann man daran riechen. Die Gerüche sind relativ authentisch, allerdings sind die Inhaltsstoffe der Duftlacke etwas fragwürdig und können gegebenenfalls Allergien hervorrufen.

I)	**Formale Kriterien**	**0**	**1**	**2**	**3**
1.	Eine altersgerechte Handhabung ist möglich.		1		
2.	Die Stabilität ist ausreichend für den täglichen Gebrauch in einer ÖB.				3
3.	Die Bücher sind ästhetisch ansprechend gestaltet.			2	
4.	Es gibt zusätzliche Elemente wie Klappen, Folien, Fühlbereiche, etc.				3
5.	Das Bild-Text-Verhältnis ist angemessen.			2	
6.	Die Bücher sind übersichtlich gestaltet.		1		
Erreichte Gesamtpunktzahl in Abschnitt I:		**12 / 18**			

II)	**Inhaltliche Kriterien**	**0**	**1**	**2**	**3**
7.	Das Buch ist für die Alterszielgruppe passend und hält dies konsequent ein.			2	
8.	Die vermittelte Information ist korrekt, objektiv und beinhaltet einen Sachwert.			2	
9.	Die Informationsmenge ist zumutbar und überschaubar.				3
10.	Die Sprache ist anschaulich und leicht verständlich. Fachbegriffe werden erläutert.				3
11.	Die Bilder sind passend gewählt und dienen als Unterstützung zum Textverständnis.				3
12.	Kinder können auch ohne vorgelesen zu bekommen etwas mit dem Buch anfangen.				3
13.	Die Inhalte sind aktuell, ohne veraltete Wortwahl und stereotype Imagevermittlung.				3
14.	Die Inhalte bieten neben der Information auch Unterhaltungswert.			2	

15.	Es gibt so viel zu entdecken, dass Kinder es auch mehrfach ansehen würden.			2	
16.	Innerhalb des Buches bestehen sinnvolle Zusammenhänge.		1		
17.	Eine Identifikationsfigur begleitet die Kinder durch das Buch.				3
18.	Die Themenauswahl innerhalb der Reihen ist ansprechend und vielfältig.		1		
Erreichte Gesamtpunktzahl in Abschnitt II:		**28 / 36**			

III)	**Eignung für die Veranstaltungsarbeit in einer ÖB**	**0**	**1**	**2**	**3**
19.	Die Texte sind zum Vorlesen geeignet.			2	
20.	Die Inhalte bieten geeigneten Gesprächsstoff.		1		
21.	Die Themen betreffen Alltag und Umfeld von Kleinkindern.		1		
22.	Die Bücher geben einen Anstoß zum selbstständigen Forschen und Ausprobieren.		1		
23.	Interesse für weitere Befassung mit diesem/ angrenzenden Themen wird geweckt.	0			
24.	Die Bücher sind mit anderen Medien verknüpft. (Website, Hörbuch, Hörstift, etc.)	0			
Erreichte Gesamtpunktzahl in Abschnitt III:		**5 / 18**			

Gesamtpunktzahl:	**45 / 72**

0 = trifft nicht zu / 1 = trifft kaum zu / 2 = trifft eher zu / 3 = trifft komplett zu

Anlage 9:
Sachbuchreihen für Kinder von 2 bis 6 Jahren – Empfehlungsliste für Öffentliche Bibliotheken

Erster Wortschatz
Mein erstes buntes Bildwörterbuch (Carlsen) Die Bücher sind robust, aus Pappe und haben ein kindgerechtes Format. Bisher gibt es erst eine kleine Auswahl an Themen, die jedoch alle sehr interessant für Kinder sind und sich mit ihrer Umwelt auseinandersetzen. Die Reihe kann beim Erlernen eines spezifischen Wortschatzes helfen. Auf einer Seite werden verschiedene gezeichnete Gegenstände mit jeweils einer Bildunterschrift gezeigt. Vereinzelte Klappelemente bringen Dynamik in das Erlernen dieser Begriffe und stellen verschiedene Facetten oder Bewegungsabläufe der Abbildungen dar. Die Gegenstände können durch Vorlesen der Bildunterschrift erklärt und die Wörter von Kindern wiedergegeben oder selbst erraten werden. Auf der angrenzenden Seite ist eine bildliche Szene dargestellt, in der alle vorher gezeigten Gegenstände zu finden sind. So werden Zusammenhänge verdeutlicht und ein Kontext entsteht. Ab 2 Jahren
Erstes Lernen (DK) Durch ein außen liegendes Griffregister gelangt man in den robusten Pappbüchern zu themenbezogenen Doppelseiten. Dort sind fotografierte Gegenstände abgebildet, welche mit einer Bildunterschrift versehen sind – für das Lernen, Nachsprechen und Zuordnen von Wörtern. Außerdem sind des Öfteren Fragen integriert, die zum selbstständigen Denken, Zählen und Rätseln animieren. Die Aufmachung ist sehr bunt und kindgerecht. Ab 1 Jahr

Wissen durch Zuhören
Schritt für Schritt erklärt (Carlsen) Die großformatigen Bücher erklären komplexe Vorgänge in logischen Schritten und machen Zusammenhänge ersichtlich. Dazu wird eine Sachgeschichte erzählt, welche mit Infotexten und detaillierten Illustrationen untermauert ist. Wegen des Erzählstrangs im gesamten Buch, kann das Wissen einfach durch Vorlesen vermittelt werden. Dank der vielen Klappen können die Kinder aber auch aktiv mitlernen. Teilweise werden Fragen gestellt und Anleitungen zu eigenem Handeln gegeben. Die Themenauswahl innerhalb der Reihe ist interessant und weicht von den typischen Standardthemen ab. Ab 4 Jahren
Was ist Was / mini (Tessloff) Die handlichen Bücher im praktischen Format sind durch den dicken Einband und die Pappseiten sehr stabil. Die Themenauswahl dieser Reihe ist vielfältig und beschäftigt sich mit Alltag und Lebenswelt von Kleinkindern. Jede Seite wird durch eine Überschrift in Frageform eingeleitet. Darauf folgen ein kurzer, erzählerischer Text und einige Begriffserklärungen innerhalb der bunten Bilder. Eine Identifikationsfigur begleitet durch das ganze Buch und vermittelt anhand ihrer Erlebnisse Sachwissen. Dank dieser Erzählstruktur sind die Bücher bestens zum Vorlesen geeignet. Auf der letzten Seite befindet sich ein kurzes Quiz – die Lösungen können mit Klappen aufgedeckt werden. So entsteht ein abwechslungsreiches Lernerlebnis. Ab 3 Jahren

Was Kinder fragen
Entdecken, Erfahren, Erzählen (Tandem) Jeder Titel ist wie ein Lexikon zu einem bestimmten Oberbegriff aufgebaut. Durch viele, sehr schöne Bilder und kurze Textpassagen erhält man gemischte Fakten zu diesem übergeordneten Thema. Die Bücher sind ansprechend gestaltet. Aufgrund des großen Umfangs sind die Bücher nicht zum kompletten Vorlesen gedacht, sondern um darin zu schmökern und verschiedene Interessen nachzuschlagen. Ab 4 Jahren
Was ist das? Sehen und lernen! (Tandem) Die robusten, handlichen Bücher vermitteln durch Textpassagen und bunte Illustrationen Sachwissen. In den Bildern sind ergänzende Begriffserklärungen zu finden. Jede Doppelseite steht unter einer Überschrift. Das Design wirkt teilweise leider lieblos und billig, die Seiten manchmal überfüllt. Insgesamt ist es aber eine gute Reihe für die betrachtete Altersgruppe, mit einer vielfältigen Themenauswahl. Ab 3 Jahren

Forschen und Entdecken

NaturDetektive (Compact)

Lexikonartig werden Tiere, Pflanzen, etc. beschrieben und erklärt, wie man sie bestimmen, wo man sie finden und was man damit machen kann. Dazu zeigen mehrere Fotografien, wie das Besprochene aussieht. Ein Inhaltsverzeichnis, Kapitelüberschriften, ein Glossar und ein Register verschaffen Überblick. Immer wieder gibt es Anleitungen zum selbstständigen Basteln, Bauen, Experimentieren und Forschen, sowie Quizfragen und Infokästen mit interessanten Anregungen. Auf der Website www.naturdetektive.de, gibt es einen stets aktualisierten „Fall der Woche“, ein „Thema des Monats“ und einen „Detektiv-Auftrag“. Außerdem finden sich dort viele weitere Fakten, ein Lexikon und Spiele. Das Konzept ist gut gelungen, schön umgesetzt und regt das Interesse für Natur an. Durch den hohen Textgehalt sind die Bücher für kleinere Kinder nur zusammen mit Erwachsenen sinnvoll nutzbar.

Ab 6 Jahren

Klappen- und Folienbücher
Was ist Was / Junior (Tessloff) In großen, recht umfangreichen Büchern werden die unterschiedlichsten Themen detailliert erklärt. Klappenelemente zeigen komplexe Vorgänge und verdeutlichen Zusammenhänge. Ein Inhaltsverzeichnis schafft Überblick. Jede Seite wird mit einer Überschrift eingeleitet. Es folgt ein Erklärungs-Text mit erzählendem Charakter. Sich auf den Bildern wiederholende Identifikationsfiguren begleiten durch die Bücher. In den Illustrationen gibt es so einiges zu entdecken. Infokästen, Rätselboxen und Suchaufgaben regen zum interaktiven Mitmachen an und verstärken die Lernerfahrung. Mit dieser Reihe erscheinen außerdem Hörspiele, Mitmachhefte und Ting-Bücher, sodass ein umfangreiches Lernerlebnis für Kinder ermöglicht wird. Ab 5 Jahren
Wieso? Weshalb? Warum? / Junior (Ravensburger) Die Reihe erscheint in handlichem Format. Wegen der Ringbindung und den vielen Klappelementen ist sie jedoch bei täglichem Gebrauch in einer Öffentlichen Bibliothek nur mäßig stabil. Die Themenauswahl ist mit über 50 Titeln sehr umfangreich und hält für jedes Interesse etwas bereit. Seiten oder Doppelseiten werden mit einer Überschrift in Frageform eingeleitet. In kurzen, einfachen Texten werden Sachverhalte erklärt. Zur Unterstützung dienen detaillierte, kindgerechte Zeichnungen und Klappenelemente. Immer wieder werden Fragen gestellt, die Kinder zu eigenen Meinungen und Überlegungen animieren. Ab 3 Jahren

Lernen mit allen Sinnen
Hör mal (Carlsen) Auf einer Doppelseite wird in einem kurzen Textabschnitt ein Tier, Gegenstand oder eine Szenerie und das dazugehörige Geräusch beschrieben. Eine ganzseitige Illustration zeigt, was gemeint ist. Wenn der gekennzeichnete Touch-Punkt berührt wird, erklingt ein passende Geräusch. Zum Schluss wird dazu aufgefordert, die neu gelernten Geräusche nachzumachen. Der Klangmechanismus ist in einer dicken Pappverkleidung am Ende der Bücher eingebaut und funktioniert über Batterien, welche in die Buchrückseite eingesetzt werden können. Die Sounds von „Hör mal" sind authentisch und die robusten Bücher wirken im Vergleich zu anderen dieser Kategorie liebevoll gestaltet. Ab 2 Jahren
Riech mal (Carlsen) Dies ist die einzig Sachbuchreihe, welche Sachwissen unter Einsatz des Geruchssinns vermittelt. Auf einer Doppelseite werden in einem kurzen Textabschnitt eine Szenerie und der Geruch eines dazu passenden Gegenstandes beschrieben. Wenn man mit dem Finger über den gekennzeichneten Gegenstand reibt, kann man den dazugehörigen Geruch am Finger und im Buch riechen. Die handlichen Pappbücher wirken sehr robust und die Gerüche sind relativ authentisch. Allerdings sind die Inhaltsstoffe der Duftlacke etwas fragwürdig und können unter Umständen Allergien hervorrufen. Ab 2 Jahren